研究シリーズ　No.8

東南アジアにおける仏教とソーシャルワーク
―カンボジア・ミャンマー編―
仏教ソーシャルワークの探求

監修
郷堀 ヨゼフ

編者
松尾　加奈
郷堀 ヨゼフ

ボラ・チュン
キオ・ヴィチット
H. ワン・ゴー
スオン・サン
ボビー
チョー・シッ・ナイン
イ・イ・ピュー
サー・ウーセン
山口光治

淑徳大学アジア国際社会福祉研究所
ARIISW（Asian Research Institute for International Social Work）

学文社
2023

刊行に寄せて

アジア国際社会福祉研究所最高顧問

長谷川　匡俊

　ベトナム国立社会人文科学大学（USSH）との共同研究に始まる，この間の東南アジアを中心とした国々との学術交流を通して，当方にもたらされる各国の調査報告の情報は大づかみで，かつ限定的なものではありますが，次のような印象を強く受けています。

　それは，今，現に仏教がより多くの国民の生活とコミュニティーの深部に息づいているとの感触であり，その中核的な役割を寺院や僧侶が担っているのです。別の言い方をすれば，仏教が，人びとの世界観，生命観，人間観，死生観，そして価値や倫理等に至るまで根底的に規定しているということでしょう。では，その仏教とは何ものかが問われねばなりませんが，それはひとまず措くとします。

　もしもこのような私の受けとめ方にそれほど大きな誤りがないとすれば，それに比して日本の場合はどうでしょうか。ここで私は，家庭と地域の環境にまつわる，興味深い例を取り上げてみようと思います。まず家庭です。かつて（第二次世界大戦前まで）我が国では，「家に三声ありて，その家栄ゆ」という言葉が一定の意味をもっていました。一つに老人が唱える読経の声，二つに母親が台所で炊事をしながら子どもをあやしたり叱ったりする声，三つに児童の朗読（音読）の声であり，この三声が聞こえてくる家は栄えるとされていたのです。ところがどうでしょうか，今やいずれも少数派になってしまいました。理由は省きますが，宗教的環境といったところでは，読経の声が聞こえなくなり，仏壇や神棚を中心とした家庭生活は，すでに成り立たなくなってきています。

　つぎに，地域社会の環境について考えてみましょう。これは私の造語ですが，先の「家に三声あり」になぞらえて，「地に三声あり」と言おうと思います。

一つは祭礼行事の際の鐘や太鼓，経文，祝詞の声，二つには共同作業における労働の歌声（その典型が民謡），三つには自治的な異年齢集団から構成される子ども組の遊びの声です。これらの三声も，高度経済成長期以降の村共同体の解体によって，多くは過去のものとなってしまいました。かつて，共同体の精神的な紐帯を成し，郷土における伝統や文化を守り続けてきた寺社の役割も変化してきています。

　このようにみてくると，生命観，人間観（対象者観），社会観，ケア観，方法論等を含む「仏教ソーシャルワーク」の理念型は別として，同じアジア圏にあっても，人びとの生活に仏教（寺院・僧侶を含む）がどれだけ浸透しているのか，その程度やありようが，各国の「仏教ソーシャルワーク」の質や性格を規定するのかもしれません。たとえば，「ソーシャルワーク」と宗教活動との関係，宗教的な目覚めや救いと「ソーシャルワーク」の関係，「ソーシャルワーク」における公私のすみ分けと人々の受け止め方，「公的ソーシャルワーク」と「仏教ソーシャルワーク」の関係（オーバーラップしている要素を含めて）なども問われてくるのではないでしょうか。

　さて，淑徳大学では，平成27年度から5カ年にわたる「アジアのソーシャルワークにおける仏教の可能性に関する総合的研究」が，私立大学戦略的研究基盤形成支援事業に採択されました。これにより従来の国際共同研究の枠を広げ，活発な調査研究と学術交流を展開しております。本書の内容はその貴重な成果の一つです。アジア国際社会福祉研究所の秋元樹所長をはじめ研究スタッフ一同のご尽力，そして本研究と執筆にご協力いただいた各国研究者の皆様とすべての関係者に深く敬意と感謝の意を表する次第です。

　本書は日本語版で，国内の仏教およびソーシャルワークの研究者向けではありますが，別に英語版も刊行されていますので，併せてより多くの皆様にご活用いただければ幸いです。願わくは，仏教をベースとしたアジア型「ソーシャルワーク」の構築に向けて。

合掌

はしがき

　この研究叢書の最初の一冊が出版された 2017 年からすでに 5 年以上が経つ。モンゴル，ベトナム，ラオス，タイ等のアジア諸国を巡って仏教ソーシャルワークを探求してきたが，9 冊目となるこの本では東南アジアに位置するカンボジアとミャンマーという 2 カ国について紹介する。

　両方の対象国は，過去に大変なことを経験しており，今もなお，複雑かつ悲痛な歴史が現地の人々の人生と生活に影響を与え続けていることを感じる。カンボジアを数回にわたって訪れた際に，僧侶がデモ行進の最前線を歩く姿を何度か眼にした。街角で抗議を続ける僧侶もみた。スラム街の住民を必死に守ろうとしている僧侶にも出会った。半世紀ほど前に社会参画仏教（エンゲージド・ブディズム）という概念が広く知られるようになったが，東南アジア地域の仏教は，現在も社会活動と強い関連を持ち続けており，コミュニティ開発やコミュニティ・リーダーシップといった領域と密接にかかわっている。この地域は，多くの社会・経済・政治的課題に直面しているが，これらを常に仏教が意識し，常に様々な形で対応し続けてきた。したがって，本研究で着眼している仏教ソーシャルワークについて語る際，どうしてもソーシャルワーク（福祉）とその他の領域を区別することが大変難しく，仏教寺院による諸活動の中でも多数の領域が常に重なり合っている。

　本書は 2 部構成となっており，第 1 部ではカンボジアを取り上げ，第 2 部ではミャンマーに焦点を当てた。内容については，他の対象国と同様に，国の風土や歴史及び各制度について紹介した上で，仏教寺院や仏教系団体・組織による諸活動の事例を詳細にわたって描写している。カンボジアの部では，ソーシャルワーク専門職の背景を持つボラ・チュン氏を中心とする研究チームが現地の目線から仏教のもつ可能性について論じるのに対し，ミャンマーの部では，日本の研究者の視点に重点が置かれている。

　東南アジアでは，日常生活の中で仏教に触れる機会が多くある。仏教のことを空気のように感じることさえある。誰もその存在には気づかないが，空気が

ないと私たちは生きられない。筆者のひとりであるボビー氏は，この研究にかかわって初めて自国における仏教の役割を意識するようになったことを本書でも述べている。日本にいる私たちにとっても，現地の人にとっても新たな発見につながる一冊であることを願う。

　当プロジェクトの研究を進めていく中でも，執筆中でも，これまではたくさんの障壁に直面した。だが，すべての障害を乗り越えることができ，2021年度は英語版，そして2022年度にはこの日本語版を出版することができた。このプロジェクトにかかわったすべての共同研究者や執筆者の方に感謝を表したい。特に，クーデターを受けて変わり果てたミャンマーの共同研究者は，日本にいる私たちには想像もできないほど厳しい状況の中で原稿の完成に大きく貢献したことに感銘を受けた。仏教は，すべての生きとし生けるものの幸福のための教えであると思う。ミャンマーとカンボジアの人々にも仏教が平和と幸福をもたらすよう願ってやまない。

　2022年12月吉日

郷堀ヨゼフ

目　　次

第 2 部　ミャンマー

第1部

カンボジア

第1章　カンボジアの概要

ボラ・チュン

キオ・ヴィチット

郷堀ヨゼフ

1　基本情報

　カンボジアは，東南アジア地域のインドシナに所属する国である。陸や河川による貿易経路とその立地により，中国，インド，タイ，ベトナム，そして東南アジア地域の様々な国々との交易や他国からの様々な影響とつながりがもたらされた。

　国土の面積総計は 18 万 1,035㎢である。メコンデルタへと流れ込む大河川が流れる中央の平地，高原地域，タイランド湾に面した森の多い低地がカンボジアを形成している。カンボジアの気候を特徴づけるのは季節風であり，季節風によって 1 年が 2 つの主要な季節に分けられる。森林に覆われた地域や泥池の多い農業地帯は東南アジアの周辺諸国と似ている。

　全人口は 1,528 万 8,489 人であり[1]，クメール人が 95％以上を占める (2016 年)[2]。少数民族は中国人，ベトナム人，イスラム教徒の諸民族，ラオス人などである。首都のプノンペンでは 200 万人以上の人がメコン川の両岸に住んでいる。しかし，人口の 80％は田園地域に住んでおり，都市部人口より農村部の方が圧倒的に多いということになる。ほとんどのカンボジア人が河川や道沿いの小さな村に住んでおり，これらはまさにカンボジアの原風景となり民族文化を形成する一要素である。いくつかの村 (Phum) は仏教寺院 (Wat)，小学校，そしていくつかの小さな商店を共有してコミュニティを形成しており，ここでの生活は伝統的に農業へ依存している構造になっている。

　公用語はクメール人の母語であるクメール語であり，これはオーストロアジ

---

1)　移民や外国で労働している人を除いた 2019 年の国勢調査による。

2)　出典：ブリタニカ百科事典。オンライン。https://www.britannica.com/ より取得 (2020.11.9)

ア語族の中で最も話されている言語で，モン・クメール語として知られること
もある。

　仏教はカンボジアの文化と社会を何世紀にもわたって築いてきた。13世紀
以降，上座部仏教が国教とされ，人口のおよそ95％を仏教徒が占めている。

　公式名称はカンボジア王国（クメール語で *Preahreacheanachakr Kampuchea*）であ
る。立憲君主制を採用しており，2つの議会（上院と国民議会）が政治的な基盤
を成している。

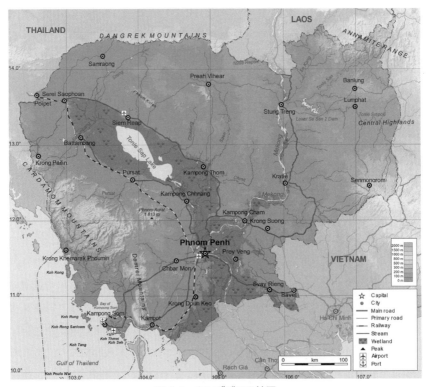

図 1-1　カンボジアの地図

出典：Wikimedia Commons User: Ikonact（2020）

2　カンボジアの仏教

2.1　カンボジアにおける仏教の歴史

　カンボジアの仏教は大乗仏教と上座部仏教の伝統の両方の影響を受けており，それらが地域の土着の慣習と民間信仰と混ざり合っている。カンボジア憲法では仏教を国教と宣言し，人口の95％以上が自身を仏教徒であると認識しており[3]，仏教教育を推進することが国家の責任であると定められている[4]。

　仏教は1500年にわたりカンボジアの文化と生活の一部となってきた。紀元前3世紀にはアショーカ王の宣教師が仏教を伝えてきたと考えられる。しかし，カンボジアに最初にもたらされたのはヒンドゥー教の影響とともに伝来された大乗仏教の教えである。チャンラ（真臘）チェンラ王国の時代（550年〜802年）には仏教が衰退したが，多くの大乗仏教の仏画や碑文は5〜7世紀のものとされ，ブッダの教えは当時でさえも存在していたことが示されている。

　9世紀になると，アンコール帝国のクメール王たちは自身をヒンドゥー教の神と宣言し，ヒンドゥー教と仏教の影響を融合させた。タントラの経典に影響を受けて慣習と文化が混じった大乗仏教が，アンコール帝国における仏教の主な形であった。この時代に建立された豪奢な寺院はアンコール・ワットのような有名な寺院の見本となったといわれている。

　クメール王のジャヤーヴァルマン7世は仏教を国教とするために多大な努力をし，仏教が13世紀に国教として定められることになった。ジャヤーヴァルマン7世は大乗仏教の信徒ではあったが，当時，上座部仏教の教えも許容され，長く共存するとなった。一方，ヒンドゥー教の影響はこの時代に弱まってきた。その後，上座部の存在感は急激に大きくなり，近隣諸国も上座部仏教に改宗された。そこで，国王は自らの息子をスリランカへ送り，上座部仏教の伝統とパーリ聖典を学ばせた。

　仏教は何世紀にもわたってカンボジアの文化と日常生活の重要な一部であり続けてきたため，植民地時代にはキリスト教宣教師に対して驚くほどの抵抗を

---

3)　憲法第43条。1993年施行。
4)　憲法第68条。1993年施行。

見せた。しかし，カンボジアにおける仏教の最大の暗黒時代は1975年のクメール・ルージュの政権である。共産主義を掲げて当時の政権は，カンボジア社会に対する仏教の影響力を弱めようとし，仏教を社会生活から意図的に排除しようとした。多くの寺院は破壊され，ほぼすべての仏教僧が殺害，または追放された。

クメール・ルージュの崩壊後も仏教が抑圧されてきたが，解放運動を経て，1991年には仏教が再び国教として復活した。

2.2　今日のカンボジア仏教の姿

上座部仏教は今日のカンボジアの主要な教えとなっており，マハ・ニカーヤ (*Maha Nikaya*) とダッマユティカ・ニカーヤ (*Dhammayuttika Nikaya*, もしくはクメール語で *Thommoyouttek Nikeay*) の2つの主要な宗派に分かれている。ダッマユティカ・ニカーヤ派はタイから19世紀に伝来し，タイの王族からの支援を受けながら仏教の復興等に大きく貢献し多大な役割を果たしてきたが，現在のカンボジアではこの宗派に属する僧侶は少数である。ダッマユティカ・ニカーヤ派の衰退を受けて，再建を試みて改革がなされた際にダッマユティカ・ニカーヤ派に属さない僧侶が門外者と認識された。これらの動きによって後に大宗派となるマハ・ニカーヤ派が誕生したわけである。現在，2つの宗派に分かれているとはいえ，どちらの宗派も同じ上座部仏教の教義と教理を共有しており，カンボジアの日常的慣習と文化に根付いている。

宗教庁によると，2015年，カンボジアには4,815カ所の寺院が登録され，6万370人の僧侶がいた。僧侶の多くは年齢が若く，田園地域の出身である。仏教僧になるという行為は，聖職者を目指すだけではなく，公的教育を続け，重要なスキルを習得する目的でも行われる伝統的な慣習である。仏教教育はダルマ・ビナヤ学校とパーリ学校という2つの主要なカテゴリーに分類されている。ダルマ・ビナヤ学校ではブッダ（仏陀）の教え，戒律，三蔵の概要と諸解説などについて3年間かけて学び，いっぽうのパーリ学校では国の提供する公的教育カリキュラムに加えられ仏教教育が提供されている。統計によると，2016

年には，772 校の小学校，35 校の中学校，そして，17 校の高等学校に加え，3
つの仏教系の大学があった。

2.3 ブッダ (仏陀) の教えとソーシャルワーク (社会福祉)

ブッダ (仏陀) は自身の最初の説教で，弟子たちにそれぞれ異なる道を進むよう指示を出した。そして，多くの村と町へ足を運びそこに住む地域の人々の利益と幸福のために仏法を広めるように指示した。この教えが基盤となり，それ以来，僧侶や尼僧は常に地域の人々と共に社会活動を行うために村々を訪れている。これは仏教の福祉的思想の出発点といっても過言ではない。

仏教には，3 つの主な教えがあるとカンボジアで伝えられており，悪い行いをしないこと，善い行いをすること，そして精神 (心) を清くすることという 3 つの要素がカンボジアの人々の価値観 (倫理的規範) の土台を形成している。さらに，これらには哲学的・理路的内容だけではなく，実践・実学の側面も含まれている。この教えは，福祉的思想のみならず，人々の生き方をも形作っているといえる。

起源経 [5] では，国や社会のあり方も含めて国家の福祉制度の基礎に関する教えや示唆を見つけることができよう。この経典では，資源が不平等に分配されていることが，貧困や紛争を招く主要な要因として論じられている。この経典には戒 (パーリ語では *sīla*) と共に四無量心 (パーリ語では *appamaññā*) としても知られる 4 つの尊い行 (四梵住，あるいは四梵行ともいう，パーリ語では *brahmavihāra*) が強調されており，人々が実践すべき一種の価値観や生き様として下記のように提示されている。

・慈無量心 (*mettā*)　慈しみ。生きとし生けるものに対する慈しみ，深い友情を
　　　　　　　　　　　指す
・悲無量心 (*karuṇā*)　憐れみ。生きとし生けるものの苦悩を共有し (同情, 同感)，

---

5)　パーリ語では Aggañña-sutta (アッガンニャ・スッタ) といい，パーリ仏典長部の一部である。

　　　　　　　　取り除いてあげたいという願いを指す

・喜無量心（*muditā*）喜び。生きとし生けるものの喜びを共有することを指す

・捨無量心（*upekkhā*）　平静。不苦不楽の状態，落ち着いた心を指す

　12世紀，ジャヤーヴァルマン7世はこれら4つの徳を象徴する4つの顔を持つ仏像を作らせアンコール・トムと称される仏教寺院を建立した。上記の4つの尊い行のシンボルだけではなく，アンコール・トム寺院は，仏教教育がカンボジアの文化と生活をどのように支えているかの象徴として捉えることができよう。

　さらに，カンボジアの仏教では，ソーシャルワークそのものを，社会的救済を目的とする次の4つの活動として捉える傾向が強いように思われる：

・Dāna：日本語では布施というが，相手に何かを与える/提供する行為を指す。
　　　　寄付金やモノだけではなく，知識等もこの対象となる

・*Piyak Vacha*　：優しい言葉遣い

・*Atha Charya*　：利他という語句でも表現できる，人々の利益になる行いをす
　　　　　　　　　るという意味

・*Samanatata*　：謙虚さ，慎ましい生き様を指す

　八正道[6]では自分自身やコミュニティを苦悩から解放する方法が具体的に示され，ブッダ（仏陀）の説いた中道の内容がここに含まれている。ここで謳われている8つの項目を3つのカテゴリー（三学）に分けることができる。1つ目は，戒（sīla），2つ目は定（samādhi）つまり瞑想や精神集中の状態であり，3つ目は，日本語では般若ともいう深い智慧を意味する慧（paññā）である。これらの仏教の教えと概念は，1970年代以降，紛争や虐殺といった苦しい歴史をもつカンボジアにおいて，紛争後の国家再建のみならず，教育の再構築や人々

---

6)　パーリ語でariya-aṭṭhaṅgika-maggaという。四諦の中で説かれている「道諦」に当たり，ブッダ（仏陀）の教えの核心を指す。正見，正思惟，正語，正業などとして日本に伝わる。

の生活を安定させるプロセスの中で極めて重要な役割を果たした。また，僧侶や仏教の指導者たちによる教育と活動は，人々やコミュニティに大きな影響を与え，今日に至るまでカンボジアのソーシャルワーク活動にインスピレーションを与え続けている。

3　カンボジアにおけるソーシャルワーク教育の発展[7]

　1960 年に設立されて以来，王立プノンペン大学はカンボジアで最古の，そして最大の大学である。クメール・ルージュ政権時（1975 ～ 1979 年）には閉校され，1980 年代に再び開校されたが，30 年間の間，王立プノンペン大学は成長しながら発展してきた。2 つのメインキャンパスを有する同大学では外国語，社会科学・人文学，教育，そして工学など様々な理系分野の学位を取得できるプログラムが提供されている。現在，王立プノンペン大学には 5 つの学部と 1 つの関連教育機関があり，合計 32 の学科に 2 万人以上の学生が在籍している。また，971 人の教職員（国家公務員 487 名，教職員 429 名，外国人職員 55 名）が雇用されている。

　カンボジアは，戦争や虐殺などの負の財産が重く圧し掛かっており，ソーシャルワーカーに対する大きなニーズがあることが明確である。内戦時代から引きずられ，今もなお世代を超えて大きなトラウマがすべての国民を苦しめているにも関わらず，事実上，無視されている。カンボジアの人々は様々な社会問題に苦しみ続けているが，これらを福祉的課題として認識し対処していくといったプロセスもまた多くの悩みと課題を抱えている。この主な原因は教育である。正確にいうと，福祉教育・ソーシャルワーク教育が不十分であることに多くの問題が起因している。人々やコミュニティが必要としている福祉サービスやソーシャルワークを提供するための教育（トレーニング）を受ける機会が非常に限られていることが根底にある。

---

7)　参考文献：Harachi, T.W., Schneiders, M., & Meng, D.(2011). Rebuilding Post-Conflict Cambodia By Educating Tomorrow's Social Workers: Social Work in Cambodia. In S. Stanley(Ed.), *Social Work Education in Countries of the East: Issues and Challenges*. New York, Nova Publishers.

　王立プノンペン大学で展開されるソーシャルワーク教育は，新しい取り組みである。1996年，ソーシャルワークのワーキンググループが王立プノンペン大学によって招集され，ソーシャルワーク学部設立の可能性について検討がなされた。このグループは2003年にカンボジアにおけるソーシャルワークの現状を評価するために調査を実施し，ステークホルダーとの会議を何度も開催してきた。いくつかの提案を提示した上で，新しいプログラムを設立することを試みた。

　2004年，王立プノンペン大学 (RUPP) の事務局は，アメリカ合衆国のワシントン大学 (UW) と協議し，カンボジア初の大学レベルでのソーシャルワークの教育プログラム設立の支援を依頼した。このようにして，RUPP/UW のソーシャルワークパートナーシップが締結された。同時に，この新たなプログラムの担い手となる人材育成が始まった。福祉活動等に長年携わった人や福祉関連の高等教育に関心のある人に焦点を当て，様々な可能性について探ってきた。2006年には，一人のカンボジア人がアメリカを訪れ，2年間のソーシャルワークの修士課程に入学した。翌年の2007年とその後2011年には，合計4人のカンボジア人が続々と渡米し，ソーシャルワークの修士課程を無事修了し，ソーシャルワーク学位の保持者として帰国した。そして，彼女，彼らは，RUPP のソーシャルワーク学部開設の要となる教員となった。カンボジア教育省による認可が2008年7月に付与され，ソーシャルワークの学位 (BSW＝ソーシャルワーク学士) を取得できるカンボジア初のソーシャルワーク教育プログラムが誕生し，学生を受け入れられるようになった。

　RUPP ソーシャルワーク学部の方針は次の通りである：「RUPP ソーシャルワーク学部は，国内そして国際的に名高いカンボジアで最初の BSW（ソーシャルワーク学士），MSW（ソーシャルワーク修士），そして持続的なソーシャルワーク教育プログラムである。」

　なお，ソーシャルワーク学部の方針は以下のように記されている：「学部は質の高い教育，研究，相談，コミュニティサービスに貢献し，社会的正義とすべての人々への尊敬および共感の促進を通して貧しく弱い立場の人々を支援する。」

　上記のビジョンとミッションを達成するため，ソーシャルワークの教育プログラム（学位取得）は以下の目標を設定している。

a. 当学部の卒業生がすべてのカンボジア人の尊厳と健康を促進できるように，社会の様々な分野（行政，政府機関，コミュニティ等）で働く専門職ソーシャルワーカーを育成する。

b. 実力と高いレベルの教育を提供し，高い評価を得るために，専門性に優れた学部教員を採用し教員体制を維持しながら支援すると共に，最低限でも 1 名以上博士号保持者を採用する。

c. NGO 団体や政府組織と連携を取り，高度の研究と協力を提供できる学術・専門家集団になる。

d. ソーシャルワーク教育の国家基準とカリキュラムを定義する際にリーダーシップを発揮する。

e. カンボジア内で資格制度の下で制定されたソーシャルワーク専門職アイデンティティの社会的地位と認知度を向上させる。

f. 自立した教育プログラムを目指す。

　上記のように，王立プノンペン大学での取り組みについて振り返ってきたが，現在，カンボジア国内では 4 つのソーシャルワークの教育プログラムが展開され，そのうちの 3 つのプログラムで学位取得（学士）できる。これらのプログラムを提供する機関は，王立プノンペン大学（RUPP，2008 年に設立），社会問題・退役軍人・青少年更生省傘下の国立社会問題研究所（2012 年に設立），そして，カトリック高等教育機関により支援を受けた聖ポール研究所（2014 年

に設立）。さらに，一つの MSW プログラム（ソーシャルワーク修士課程）が王立プノンペン大学（RUPP）にあり，韓国の EWHA[8] によって運営されバックアップされている（2009 年に設立）。これまでは，RUPP の学士課程を延べ 198 人の学生（9 学年）が卒業し（2020 年現在），そのうちの 85% 以上の卒業生は非政府組織（NGO）に就職した。国立社会問題研究所（NISA）からは延べ 74 人（4 学年）の学生が卒業し（2020 年現在），聖ポール研究所からは延べ 35 人（2 学年）の学生が卒業した（2020 年現在）。修士課程（MSW）からは 2016 年までの間，延べ 29 人の大学院生が修了しており，彼らのほとんどが NGO 職員になった。

　RUPP のソーシャルワーク学部のカリキュラムは，ミクロ，メゾ，マクロレベルのスキルと知識を持つジェネラリストのソーシャルワーク専門職を育成することを目指す。また，実習及び就職につながる支援は当プログラムの主要な構成要素であり，学生が自らのスキルを現地で試すために莫大な時間を提供している。例えば，2 年生では年間 144 時間，3 年生では 2,345 時間，そして 4 年生では年間 385 時間を実習に充てている。1 年生の学びは初年度の基礎科目からスタートし，各分野の基礎知識と共にソーシャルワークの 2 つの科目においてソーシャルワーク原論を学ぶ。その後，2 年生から 4 年生までは，ソーシャルワークの専門科目を中心に受講する。

　実習等を経て卒業したソーシャルワーク専門職の多くは，カンボジアの NGO 団体に就職する。公務員としてソーシャルワーカーを雇う制度がないため，政府機関で働く機会が非常に限られている。いくつかの省庁では社会サービス関連の任務に当たる職員が務めており，社会福祉／ソーシャルワークに類似した役割を果たす場合もあるが，正式な職名としてのソーシャルワーカーが皆無である。

　実は，ソーシャルワークの仕事のもう一つの重要な課題が明示されている。これは，ソーシャルワークがカンボジアにおいて新しい仕事であり，比較的新しい概念であることによる。一般市民には浸透しておらず「ソーシャルワーカ

---

8)　EWHA とは韓国・ソウルに位置する梨花女子大学校（私立大学）。

ー」になるということが何を意味するのか一般に理解されず認識されていない（Harachi, Schneider, and Meng, 2011）。したがって，ソーシャルワークに対する認知を向上させ，ソーシャルワーカーがどのように社会へ貢献するかという点を社会全体で共有できるように，今後，働きかける必要がある。

　カンボジアにおけるソーシャルワーク教育プログラムのもう一つの課題は，全国共通の基準の欠如である。ソーシャルワークの学位取得を目指す各プログラムがこれまでずいぶん進歩してきたが，すべてのプログラムに共通する明確な基準が定められていない。言い換えると，あるプログラムからの卒業生は，他大学で学んだ卒業生とは異なる知識やスキルのセットを身につけているといった実態が生じかねない。他の専門職分野では，必要な知識とスキルを定めた，合意の取れた共通の基準があり，例えば，ある大学の法学部で他大学とは異なるコースを提供しても卒業条件や実践（就職）に欠かせない資格の合格条件が統一されている。したがって，出身校とは関係なく，すべての卒業生が同等の知識と能力を有することが保証されている。しかし，ソーシャルワーク専門職は未だに統一された基準と条件が定まっておらず，教育機関間ではばらつきがあり，採用時の混乱を招く望ましくない実態である。これらに対して，近年，カンボジア・プロフェッショナル・ソーシャルワーカー協会という NGO 団体が新しく設立され，ソーシャルワーク専門職に必要な知識と能力を定める基準設定（確立）を目指している。

　RUPP のソーシャルワークカリキュラム（DSW/RUPP）は新しい取り組みだが，これまで，質の高い教育に注力してきた。DSW/RUPP は ASEAN 大学ネットワークの認証（AUN-QA）プロセスに参加し，自己評価レビュー（SAR）等を実施しながら，これまで高評価を受けてきた。これらを踏まえて，DSW/RUPP はフィリピン学校・カレッジ・大学認証協会（PAASCU）へ応募し，協会の諸要件を満たしたため，2017 年から 2020 年の間，認定を受けることとなった。ここで特記事項として強調したいのは，ソーシャルワークの教育プログラムは，RUPP 全体において初めて外部の認定を受けた部門である。

第2章　事例検討：カンボジアにおける仏教ソーシャルワーク活動

ボラ・チュン

キオ・ヴィチット

　本章では，カンボジアにおける仏教ソーシャルワークに関して簡単に紹介する。最初にお断りするが，目的はカンボジアの全体像を描き，仏教ソーシャルワークの活動による影響とその方法論を他の要素とあわせてきめ細かく分析するものではない。本章では，どのような種類の活動が行われているのか，そして，それらがどのように仏教の教え・哲学によって裏付けられるのかについていくつかの事例を紹介しながら提示することを目指す。以下，カンボジアにおける仏教ソーシャルワークの現在の活動として，代表的な存在であるものに焦点を当てる。カンボジアでの活動での代表格ともいえるリーダーを2名紹介し，典型的な活動を展開している2つの組織について紹介する。さらに，付録1では，寺院のみならず様々な団体が活動基盤となる4つの事例を紹介し，仏教ソーシャルワーク活動のイメージを若干補足したいと考える。

1　マハ・ゴーサンダ師 (Ven. Maha Ghosananda) の教えとソーシャルワーク

　高僧のマハ・ゴーサンダ師は，クメール・ルージュ政権時のタイへ亡命し，フォレスト・モンク（直訳：森林僧）[1] として修業を続けていたが，虐殺や弾圧から逃れカンボジアとタイとの国境近辺へと避難した人々を助けるために，森林を後にして社会活動を開始した。その後，マハ・ゴーサンダ師も関わった「平

---

[1]　英文では Thai Forest Tradition と称されることが多く，タイやスリランカにみられる上座部仏教の系統（宗派）の一つである。僧侶が人里を離れた森や山で瞑想と修行に専念することが特徴的である。

和と和解のための連合」[2] は，1991 年のパリ平和協定へとつながるイニシアチブとなり，平和活動が展開されてきた。これを受けて，難民が次第にカンボジアの故郷へ戻り始めた。1992 年，マハ・ゴーサンダ師は国境近辺から首都のプノンペンまで歩き，紛争地域と地雷原を通過しながら，最初のピース・ウォーク[3]（平和行進）を率いた。ピース・ウォークは今日まで続いており，その第 27 回目が 2017 年に実施された[4]。ピース・ウォークのテーマは，当初では戦争を止めることに集中したが，その後は，森林破壊や地雷撤去，最近では，家庭内暴力や HIV/AIDS などの国内で新しく生じた社会問題に焦点を当て，主に人権保障，平和，そして環境保護を促進することに目的を据えている。ピース・ウォークは，行列をなして歩くのが印象的だが，平和の祈りから始まり，瞑想が実践されたりして，植樹活動や市民・学生への道徳教育などがピース・ウォークの一環として行われている。さらに，行進自体は，マインドフルネスと沈思の状態で参加者が歩くので，一種の瞑想，または平和の祈りともいえる。ピース・ウォークの参加者は，マハ・ゴーサンダ師による次のような文を大切に引き継いでおり，現在もなお行進の際に唱えている[5]。

「カンボジアの苦しみは深いが，この苦しみは偉大な慈悲から生まれる。

偉大な慈悲は平和な心を生み出し，平和な心は平和な家族を生む。

平和な家族は平和なコミュニティを生み，

平和なコミュニティは平和な国を生み，

平和な国が平和な世界を生む。

---

2)　英：Coalition for Peace and Reconciliation（CPR）。

3)　現地では dharmayeitra と称されるが，英語では Peace Walk と訳すことが多い。

4)　第 27 回ピース・ウォークは 2017 年 3 月 12 日から 27 日まで開催され，これは本章の基となる研究が初めて発表されたアジア仏教ソーシャルワークに関する国際会議の開催時期と同じであったことから，本章で強調されている。

5)　引用文は，本章の筆者であるヴィチット氏が KEAP（クメール・仏教教育支援プロジェクト）により発表されたテキストに基づいて英文として編集したものが和訳されたものである。詳細情報については https://www.keap-net.org/about-venerable-maha-ghosananada.html を参照されたい（2020.12.30 取得）。

すべての人々が幸福と平和のもとに暮らせるように！
寺院は常に私たちとともにあることを覚えておこう。
刑務所，病院，戦場，孤児院こそが真の寺院である。
世界は私たちの自宅であり，すべての人間は兄弟姉妹であり，
彼らを愛し，助け合い，仕えることが私たちの務めであり，
私たちの宗教なのだ。」

2　ヘン・モニチェンダ氏(Heng Monychenda)の教えとソーシャルワーク

「開発のための仏教」[6]と称する団体の創立者であり指導者であるモニチェンダ博士は，仏教徒に対しては，仏教の教えを活かしながら，効率よく社会に貢献できる具体的な手法を3点に集約して提案している[7]：

1) 具体的なマスタープランを立てること
2) 四諦を用いて問題を分析すること
3) ブッダ（仏陀）による7つの布施[8]に関する教えと仏教ソーシャルワーカーの6つの徳（波羅蜜）[9]を価値基盤としながら実践すること

3　仏教ソーシャルワークの実践を代表する2つの事例

近年，仏教ソーシャルワークに関連する活動を行う寺院や組織がカンボジアに多く存在する。それぞれの仏教寺院は，日常的読経や瞑想等の活動を展開しているが，コミュニティの祭祀や行事を担い，教育活動も含めて独自の社会活動をも行う。このセクションでは，仏教とソーシャルワークの交差点を描き出

---

6) 英文では Buddhism for Development.
7) 仏教リーダーシップ育成プログラム(2013年)で提示された内容(National Buddhist leadership training)。
8) 雑宝蔵経に説かれる7つの布施は，カンボジアでは Sabborosa と称される。日本仏教では「無財の七施」として知られる。眼施，和顔施，言辞施，身施，心施，床座施，房舎施のことである。
9) 波羅蜜のことである。筆者がここで引用する6つの波羅蜜は，どちらかというと大乗仏教で一般的とされ，上座部仏教では10の波羅蜜を基盤に据えることが多い。6つの波羅蜜とは具体的に布施波羅蜜(dāna)，持戒波羅蜜(Śīla)，忍辱波羅蜜(Kṣānti)，精進波羅蜜(Virya)，禅定波羅蜜(Dhyāna)，般若波羅蜜(Paññā)のことである。

す2つのケースを紹介する。

3.1　事例1：HIV (PLHA) ケアを受けながら暮らす人々

　カンボジア救済センター[10] は仏教の教えを基盤とした仏教系組織 (団体) であり，1994 年に設立された。創立以来，仏教ソーシャルワーク活動に携わっており，近年，バタンバン，シェム・リアップ，そして首都のプノンペンの3つの州 / 市で活動プログラムを行っている。

1) PLHAs ケア：仏教僧や尼僧は定期的に HIV/AIDS の患者を訪れ，瞑想を指導し，カウンセリングを行う。同時に，食料品，精神的なサポートを提供している。カンボジア救済センターは，このプログラムを展開する際に，ヘルスセンターと在宅治療のための地域健康サポートグループと連携をし，共同で運営している。必要に応じて，患者の死後もなお患者家族 (遺族) などへのサポートを行い，葬儀執行や葬式の準備する際のサポートを提供する。

2) その他の活動
○子どもたちへの基礎教育：プノンペン市街・近辺の貧困コミュニティでは，仏教僧や教師が幼稚園で活動しており，また，毎日午後の活動として，同コミュニティ在住の子どもたちに，英語，クメール文学，芸術などの教育 (授業) を提供している。さらに，シェム・リアップ地域では子どもたちにアート活動や有機農業訓練の機会を提供している。
○生活支援：貧困コミュニティにおいて基本的ニーズに応え支援 / サポートを行い，有機農業指導や保護活動，その他の支援を行っている。

---

10)　英：Salvation Center Cambodia(SCC)

写真 2-1　HIV 患者を訪れ瞑想の指導をする僧侶

3.2　事例２：ピース・ウォーク（平和行進）と和解

　平和と非暴力を訴え　マハ・ゴーサンダ師の活動がきっかけとなったピース・ウォークが始まり，ピース・ウォーク・センター（DMY）が1970年代終盤に設立された。カンボジアとタイとの国境近辺にあった難民キャンプでの活動が出発点となったが，近年，DMY が以下の４つのプログラムを行っている。

1) ピース・ウォーク（平和行進）

　DMY は年に一度のピース・ウォークを国内の様々な場所で組織化し実施している。名称の一部である「行進」に当たるクメール語の単語は，同時に「仏法の実践」あるいは「仏法を人々にもたらす」ことを意味する。したがって，仏教の教えを基盤に据え置きながら，このような活動が行われている。通常，ピース・ウォークには200～1,000人程度の人が参加し，上述したように，特定のテーマを掲げることによって市民の意識や認知度を向上させ，市民に対する教育といった効果がある。

2) HIV/AIDS の問題を抱えるコミュニティでのピース・ウォーク

　このピース・ウォークは主にバンテイミンチェイ州にて行われており，HIV/AIDS に対する意識と認知度を向上させることが主な目的である。さらに，患者の置かれている状況と諸課題への注目へとつながる。

3) 受刑者を対象とした活動

　DMY はバタンバン刑務所に図書館を設立し，読書プログラムや学習クラスを企画しながら，ボランティア講師（主に学生）が英語学習も含めたこれらの教育活動を担っている。この活動の一環として寄付金が集められ受刑者には刑務所内のシャワー室利用が提供される。

4) 読書プログラム / 平和図書館

　平和構築やリーダーシップ，またはソーシャルワークをテーマとした学習プログラム（3〜6カ月）や読書プログラムが行われている。読書プログラムは，1995 年にバタンバン州のカンダール寺院で始まり，今では仏教系大学のプログラムの一つとなっている。このプログラムに参加した何千人もの僧侶や学生が今日では様々な分野で活躍している。うちの 4 人が超宗教・超宗派の平和構築活動に携わっており，リーダーシップを発揮している。

写真 2-2　毎年行われるピース・ウォーク（平和行進）

付録1：仏教ソーシャルワークの事例

①　プログラム：女子教育

場所：シェム・リアップ州

課題：女児や若い女性への中等および高等教育

プログラムの概要：ダムナック寺院の高僧ローム・ロエム師（Lorm Loeum）によって運営されている生活と希望協会（LHA）[11]は，女児と若い女性のための教育へのアクセスを促進している。この組織は，機能不全もしくは社会経済的に不利な家庭に生まれた女子を対象に，在住地域の寺院に提供される教育支援を受ける仕組みをつくった。LHA は地方行政との連携を取りサービスに関する覚書を取り交わしている。

教育プログラムでは女児や若い女性に中等教育を受けさせ，高等教育へ進む支援を行ってきた。このプログラムには専任（フルタイム）の女性教員スタッフが携わっており，日々の運営・管理に関わっている。当プログラムのモットーは「生活＋希望＝変化である。しかし，生活＋希望＋教育＝より大きな変化だ！」となっている。

対象者（人数等）：シェム・リアップ州の社会経済的に不利な状況に置かれている女児や若い女性（毎年最大36人）

活動の詳細：このプログラムでは，女子生徒の住居，学費，学校の必需品，ヘルスケア，基本的な生活費，課外教育訓練（英語学習など）がカバーされている。女児や若い女性は地元の高校に通学したりして，シェム・リアップや首都のプノンペンの大学教育に進むための仕組みまでできている。なお，寮生は家事を行い，食事のための野菜の栽培を手伝うことが求められる。ローム・ロエム師によると，女児や若い女性たちは非常に勤勉に学習し，学校では優れた成績を残しているという。彼女らの多くは，在籍クラスで成績上位（5位以内）に入っているという。

運営：当プログラムは，ローム・ロエム師が事務局長を務めるなどダムナック

---

11)　英：Life and Hope Association.

寺院の僧侶たちによって運営されている。

金銭的サポート：このプログラムは，アメリカのゴー・キャンペーン，オーストラリアのロータリークラブ，アメリカのカンボジア・シスター財団による資金援助を受けている。

プログラム参加者の声：

リアカ（Reaka）（16 歳）は，シェム・リアップ州のスレイスノム郡出身だ。リアカの両親は彼女が 5 歳だったころに亡くなった。それ以来，彼女は高齢の祖母，そして叔父，叔父の 2 人の子供と生活してきた。家族はとても貧しく，叔父は仕事を求めてタイへ移住した。リアカが 6 歳のとき，祖母が彼女を自宅から 1km 離れたチュルイ小学校へ行かせた。彼女はクラスで良い成績を収めたため，2012 年，高校へ進学し，現在，毎日自転車で 8km を通学している。リアカは学校で実力を発揮でき，生徒会の委員にも選ばれ，児童資源委員会の代表でもある。リアカはコミュニティの清掃，本の販売，学校の様々なコミュニティプロジェクトの実施を手伝っており，様々な活動に積極的に関わっている。

リアカは 11 年生の時に上級女児教育プログラムに選ばれ，以来，クラスで成績上位の 3 人に入り続けている。

リアカは，将来，コミュニティ組織を率いてコミュニティ活動を行いたいと考えているそうだ。

②**プログラム：仏教僧の社会参画**

場所：シェム・リアップ州

課題：若者のリーダーシップ推進

プログラムの概要：「社会にいる仏教僧」[12] というプログラムは，ダムナック寺院の「生活と希望協会」によって提供されてきた。同プログラムでは持続可能で有意義な社会改革を個人，そしてコミュニティの両レベルにおいて実現することを目的としている。ローム・ロエム師が中心となる僧侶たちは，

---

12)　英：The Buddhist Monks in Society Program.

コミュニティ（地域社会）のあり方に対して助言を行い，地域づくり・コミュニティづくりを指導している。その際は，慈無量心（*mettā*）慈しみ，悲無量心（*karuṇā*）憐れみ，喜無量心（*muditā*）喜び，そして，捨無量心（*upekkhā*）を土台とする仏教の教えが軸となる。

対象者：若者（若い僧侶，学校の子ども，退学した子ども，保護施設の子ども），社会経済的に不利な状況に置かれる家族

対象・連携機関：教師訓練学校，高校，シェム・リアップ州の刑務所

活動の詳細：「社会にいる仏教僧」というプログラムは，若い仏教僧によるコミュニティへの貢献とコミュニティ・リーダーシップを強化することを目的としている。このプログラムでは，リーダーシップ・トレーニングと第三次教育（毎年6つの奨学金）を提供している。「ピース・ハウス・ビルディング・イニシアチブ」という団体の僧侶たちが関わっており，様々な地域活動を展開していくための寄付金を集めたりして，社会経済的に不利な状況に置かれた家族のために131軒の住宅を建設した。さらに，当プログラムでは，若い僧侶たちが教員養成センター（毎回250〜300名の学生が対象）や州立刑務所（毎回50〜150名の受刑者が対象）などへ赴き，そこで毎月行われるセミナーにて道徳教育を提供するという実践的な機会を得ている。社会経済的に不利な状況に置かれている家族のためには緊急救援資金や毎月の手当が支給されており，地元のラジオでは道徳教育に関するトークショーも開催されている。

運営：同プログラムは，ローム・ロエム師が事務局長を務めるなどダムナック寺院の僧侶たちによって運営されている。

金銭的サポート：ラブ財団と個人の寄付者による資金援助を受けている。

プログラム参加者の声：

チョム・マオ師　「私たちの共有する文化に，すべてのクメール人に目を向けて欲しいと思っています。この文化はお互いに幸福と調和をもたらし，何百万人もの人々が貧困に苦しんでいる時，自分が裕福になりたいという欲望を抑えてくれます」

③プログラム：孤児と子どもへのケア／サポート

場所：バタンバン州，サンケ地区，ノレアコミューン，チュオル・タコック寺
院

課題：子どもと若者へのケア

プログラムの概要：チュオル・タコックは仏教寺院であり，ノレア寺院の分院
である。高僧のムニ・ヴァンシャヴェー師（Muny Vansaveth）が率いるこの
寺院は，路上に住む子どもや若者，HIV/AIDS の影響を受けた子どもや若
者を含め，弱い立場にいる子どもたちと若者を支援してきた。1992年，ムニ・
ヴァンシャヴェー師と彼の率いるチームが，自分たちの寺院はクメール・ル
ージュ政権による負の影響を受けた人々を支援するための施設であるべきだ
と考えたことが当プログラムへのきっかけとなった。彼らはバタンバンの孤
児や路上生活の若者のためにシェルターやケアを提供した。保護を受けた若
者の多くは，コミュニティに再び復帰でき地域社会の一員になり，成功して
いる。なかには僧侶になり，高い位の仏教僧として活躍中の若者もいる。過
去には，当寺院で約 40 人の高齢者へケアを提供する時期もあった。今日で
は，当プログラムとしてバタンバン近辺に住む子どもと若者に焦点を当てて
いる。

対象者：社会経済的に不利な状況に置かれ，家がない／家族がいない子どもや
若者。

※近年，寺院が提供するサービスや支援をバタンバン地域に暮らす子どもと
若者に拡大してきたが，カンボジア政府によるさらなる規制及び限られた
資源／財源といった状況を受けて，現在，プログラムに参加でき支援を受
けられる対象者をより厳しい基準で選定しなければならない。

活動の詳細：現在 40 人の子どもと若者（16 人の少女含む）が寺院に居住してい
る。彼らは基本的な生活必需品や精神的サポートも含めた支援を受けてい
る。特徴的なサービスは以下である：

－男女別住居の提供

－学習できる設備・教材・環境の提供

　　−住居，食事，衣服，薬など基本的ニーズの支援

　　−一般教育と学費，通学費，学校の必需品などそれに関連する費用

　　−生活指導，進路指導，精神的なサポートなどを含む教育（公的教育ではない）

　　−農業（種まき，天然肥料づくり），料理，言語（英語，クメール語，日本語），芸術（絵画，伝統ダンス），スポーツ，裁縫等の活動への参加

　　−高校教育を終え大学に応募する者の支援

他には，寺院は当地域の一部，そしてコミュニティの一部として，コミュニティに根差した活動を展開しており，特に祭日の際は支援活動・慈善活動を促し，社会経済的に不利なコミュニティのメンバーを対象に自然災害等による被害を少しでも緩和するために即時的な支援を提供している。さらに，このプログラムの一環として，子どもの誕生や新居，または結婚等の機会に際して特別な祝詞も提供している。

運営：当プログラムはムニ・ヴァンシャヴェー師と彼の率いるボランティア委員会によって運営されている。寺院が中心となるこの組織には，介護者，税理士，会計係，教師，資金調達係などがいて，連携しながら活動を展開している。

金銭的なサポート：地元の寄付者，海外の寄付者。また，企業による資金援助を受けている。

④プログラム：修学支援

場所：コンポンチャム州，ボンスナイ寺院

課題：基本的ニーズに応える支援と教育へのアクセスをサポートする修学支援

プログラムの概要：ボンスナイ寺院は1964年に建立され，2000年代には活動範囲を拡大し，提供する様々なサービスの対象を立場の弱いコミュニティメンバーへと集約させた。コンポンチャム州の副僧長であり，ケマラヴァン・ボンスナイ寺院の住職でもある高僧のサッジャバンテヨ・サ・ヴィラ師（Sajjabanteyo Sa Vira）は，若い僧侶や社会経済的に不利な状況に置かれ

ている子どもや若者が公的教育を受けられる支援，または生活スキルの訓
練を受けられる支援に貢献してきた。サッジャバンテヨ・サ・ヴィラ師は
地域・国の発展において特に教育が果たす役割と意義が大きいと考えてい
ることがこの活動の軸となる。

対象者：農村・山村地域の若い僧侶と社会経済的に不利な状況に置かれている
子どもや若者

活動の詳細：2013年，寺院は仏教系小学校を設立しこれまで運営してきた。
その一環として，寺院には毎年最大100人の若い僧侶と20人の子どもや若
者が教育を受けるために様々な支援を行っている。寺院で学ぶ若者のため
に，住居，食事，学校の必需品が無料で提供され，ヘルスケアも提供され
ている。対象となる若い僧侶，子ども，そして若者は，公的教育や生活ス
キルのトレーニング，コーチング，芸術と語学の学習，そして学習指導・
生活指導を受ける。さらに，ブッダ（仏陀）の教えやそれに基づく道徳教育
も提供されている。

参加者の声：ソフェアークは15歳だ。コンポンチャム州，コンポンシェム地区の
非常に貧しい家庭の出身であるソフェアークは，ボンスナイ寺院で2016年から
学んでいる。5人兄弟の中で，彼だけは公的教育を受けることができた。寺院では，
ソフェアークはブッダ（仏陀）の教え，英語，コンピューター科学を学んでいる。
さらに，高僧から指導と助言を受けながら，一生懸命勉強し，寺院の作業を手伝
い，夢を叶えるために努力している，と語ってくれた。

運営：プログラムは高僧のサッジャバンテヨ・サ・ヴィラ師が率いるチームに
より立ち上げられ，明確な構造，方針，機能のもとで運営されている。プ
ログラムの修了生（卒業生）の就職支援まで視野を広げ，当プログラムの運
営のみならず地域の人的資源開発も含む戦略が定められている。また，コ
ミュニティメンバーや地域在住の高齢者を起用し若者へのサービス提供に
関わってもらっている。

金銭的サポート：プログラムは一年を通しての募金活動（祭り，祭典，特定の寄
付者への連絡など）を行うほか，仏教系学校のための政府の認可を受けた上

で寄付箱の設置や地元の寄付者や海外の寄付者による寄付金を積極的に募っている。

表2-1　仏教ソーシャルワークを提供する寺院や組織のリスト

寺院・組織の名称	活動内容・主な対象
ピース・ウォーク（平和行進 /*Dharmayeitra*）	平和構築，HIV/AIDS，平和図書館，教育
シアヌークラジャ仏教大学（Sihanoukraja Buddhist University）	教育，環境，慈善活動，ネットワーキング
カンボジア仏教協会（Buddhist Association of Cambodia）	葬儀支援，道徳教育，若い僧侶への支援，慈善活動，ネットワーキング
開発のための仏教（Buddhism for Development）	平和と開発，HIV/AIDS，僧侶の学習とコーチング
教育センターのための仏教（Buddhism for Education Center）	教育，ラジオ放送，慈善活動，若い僧侶への教育・学習，ネットワーキング
カンボジア救済センター（Salvation Center Cambodia）	HIV/AIDS の統合，子どもの教育，生活
生活と希望協会 / ワットダムナク寺院（ Life and Hope Association/ Wat Damnak）	スキルトレーニング，女児の教育，子どもの発達，コミュニティ開発
子供のための希望 / ワットノレア寺院（Hope of Children/ Wat Norea）	孤児院，コミュニティ組織，有機栽培

第3章　カンボジアにおける仏教コミュニティワーク[1]

ボラ・チュン

H. ワン・ゴー

スオン・サン

はじめに

　仏教は，13 世紀以降，カンボジアの社会にとって不可欠なものであり続けてきた。人口の 97％が仏教徒であると推定されている中 (Pew Research Center, 2012)，カンボジアの生活と文化の土台が仏教によって形成されている。カンボジア憲法の第 43 条では，仏教を国教として定めており，カンボジアの社会における仏教の位置づけが明確である。2015 年のデータによると，カンボジアには，当時，4,815 カ所の寺院が登録され，6 万 370 人の僧侶がいた (Ministry of Cults and Religions, 2016)。カンボジア全体に対していえることだが，仏教寺院[2] は地域・コミュニティの中で極めて重要で中心的な存在であり，コミュニティの生活の基盤的な役割を果たしてきた。コミュニティリーダーとしての僧侶や尼僧は，精神面も含む指導を行うだけでなく，様々な活動を通して社会発展にも貢献してきた。長年にわたって培われてきたこの地域社会の基盤は，カンボジアの開発やさらなる発展戦略とその実行において仏教寺院と仏僧が即座にこれらに参画できる重要なパートナーとして認識されてきた (Adams & Carroll, 2012 ; Delaney & Scharff, 2010 を参照)。

　しかし，寺院の仏僧によるコミュニティワークから生まれる効果と経験は未

---

[1]　本章は 2018 年の ASEAN ジャーナルに掲載された論文を基に，再編されたものである。筆頭著者のボラ・チュン氏を中心に本文がレビューされ加筆を含む編集がされている。また，本章ではあえて仏教コミュニティワークとの表記を採用しており，仏教ソーシャルワークというコンセプトに必ずしも含まれていない活動や機能をも対象とし，仏教寺院が地域社会(コミュニティ)の中で果たす役割と機能すべてに着眼している。

[2]　現地で仏教寺院のことを一般的に pagoda(パゴダ)，あるいは wat(ヴァット)と称する。

だに充分に理解されて明確になっていない。そのため，多くの研究者や実践者の中では，仏教コミュニティワークと専門職ソーシャルワークを同一視する傾向が強く，仏教ソーシャルワークといった名称もこれらの流れを反映していると考える。そこで，カンボジアの25の州の29人の僧侶にインタビューを行ってこれらを分析した調査研究を基盤としながら，本章では，コミュニティワークという視点から仏僧の経験に焦点を当てて分析と考察を行う。具体的には，諸活動の基盤を成す価値観を取り上げ，さらに，仏僧・仏教寺院の活動がコミュニティメンバーによってどのように認知されているか，どのようなニーズと期待がコミュニティにあるのか，そしてこられに対する仏僧の認識と対応（反応）について，本章で考察し検証していく。

1　背　景

　上座部仏教はカンボジアの主要な宗教であり，カンボジア人がどのように生き，働き，そして人々がどのように環境と関わるべきかのすべてが仏教の教えによって導かれているといえよう。仏教の教えは，無常，苦，因果，無我 (*Anatta*) 等の哲学に根ざしており，人間を苦しみから解放することを目的としている。ブッダ（仏陀）の四諦は (1) 苦しみが存在すること，(2) 苦しみが欲望への執着から生まれること，(3) 欲望への執着が無くなれば苦しみも無くなること，(4) 苦しみから解放されるための方法として八正道が示され，カンボジアの人々にこのように理解され解釈されている。ブッダ（仏陀）の八正道は洞察と智慧，美徳と道徳，精神的集中と瞑想によってその基盤が構成されており，これらすべてが働くことで正しい理解，正しい思考，正しい会話，正しい行動，正しい生き方，正しい努力，正しいマインドフルネス，正しい集中が促進されると説かれている (Bondhi, 2012)。これらは哲学的な土台となり，カンボジアの人々の行動様式や価値観を形成している。

　仏教寺院は，カンボジアのコミュニティ生活の中心的な役割を果たしてきた。歴史的にみれば，僧侶は，かつて，寺院，そしてそこで修行する仏僧に限定した形で，自らの法衣を縫ったり住居を建てたりしてきた。しかし，現代社

会では，仏僧が聖職者のみならず，コミュニティの中で教師，アドバイザー，大工，建築家そして医者といった役割を果たしている。クメール・ルージュ政権後の時代には，専門的なトレーニングに参加し，コミュニティの発展と利益になるために専門的スキルと知識を習得しながら実践を行う僧侶の数が増加した (Suon San, 2014)。

　近年では，性的暴力 (Elsenbruch, 2018)，青少年による暴力 (Work, 2014)，メンタルヘルス (Crookston, Dearden, Chan & Stoker, 2007) などの様々な社会的課題への対処に仏僧が関わっていたことが多くの研究報告で記されている。宗教的組織とカンボジアの開発に関する広範囲にわたる研究報告によると Delanery and Scharff (2010) は，仏教の価値観，儀式，そして組織がカンボジアのアイデンティティの基礎であると認識している。報告の中では，寺院がコミュニティ開発を大きく支えていると指摘されており，仏教組織と協働することが効果を強めて，開発そのものや持続可能なコミュニティの諸機能を向上させる可能性を内包すると述べられている。さらに，「開発のための仏教」(Buddhism for Development) 及び「ムルップ・タパング開発」(Mlup Tapang Development) の活動の中で，生殖補助医療や環境問題にも対処した仏教の働きのほか，HIV/AIDS とともに生きる人々を支えたり，コミュニティメンバーに保健教育を提供したり，感染を予防するといった動きが注目され，UNICEF のような国際組織の支援による大規模な活動と並んで，各地域の草の根の活動としての仏教者の活動の多くが成功を収めていると高く評価されている。この報告書では，カンボジア宗教省 (2016) によって設立された宗教系組織や寺院の目録に沿って，仏教寺院や仏教系組織がどのようにして，貧困，HIV/AIDS 患者，教育／学習支援，様々な学習プログラムやサービス，コミュニティ開発等の幅広い課題を解決してきたかを描写している。

2　方　法

　本章の基となる研究では，多面的なアプローチを採用した。学術的な問いを設定するプロセスにおいては，研究チームが関連する学術文献の検索と整理だ

けでなく，宗教省や仏教サミットの主催者，あるいは宗教系組織等のステークホルダーにより作成された既存の情報や報告等をもレビューし，整理を行った。既存の知識体系に関する我々のレビューは研究のための文脈を組み立て，実質的なギャップを特定することを目的としていた。

　これらを踏まえて，リサーチチームが 29 人の僧侶に対して，電話で (n=25)，もしくは対面で (n=4) でインタビューし，仏教コミュニティワークや関連する実践経験に対する対象者の見解を聞いた。対象人数から生じる限界はあるが，地域的な偏りを抑えるために，インタビュー対象者を 24 の州から抽出した[3]。さらに，当研究チームは，4 つの地域（コミュニティ）に対して現地を訪問しインタビューを行い，その場で社会的交流や活動を観察した。

　研究プロセスを通して，インタビュー（トランスクリプト）と観察（研究ノーツ）を記録しており，これらをデータとして用いた。その後，分析ソフトウェアプログラムである Nvivo 12 を用い，僧侶の個別インタビューやフィールドノーツのテキストデータを分析した。分析プロセスには，オープンコーディング，コードのカテゴリー化，コードとカテゴリーの関係の検証が含まれる。

　この研究にはいくつかの限界が存在する。手に入る情報源が少ないため，リサーチチームはカンボジアにおける仏教コミュニティの全体像をここで映し出すことを目的としない。どちらかというと，分析対象をごく少数の仏僧に限定し，分析を行った。仏教コミュニティワークのより深い理解に貢献してはいるものの，当研究を通してみえてきた事柄は決して一般化されるべきではなく，今後の研究において活かされる一種の方向性と位置づけたいと考える。

3　結　果

　インタビュー記録とフィールドノートの分析により，仏僧がコミュニティを

---

3)　インタビュー対象者の在住地域は下記の通りである：コンポンスプー，バンテイメンチェイ，バタンバン，コンポンチャム，コンポンチュナン，カンポット，カンダール，ケプ，ココン，クラチエ，モンドルキリ，パイリン，シアヌークビル，プノンペン，ポーサット，プレアヴィヒア，プレイベン，ラタナキリ，シェム・リアップ，ストゥントレン，スヴァイリエン，タケオ，トボンクムン，ウドンメンチェイ。

支援する活動から生まれる経験が明確になった。回答者は自らの活動と指導に対する価値観，コミュニティのニーズに対する認識と反応，そして活動そのものの諸課題に対する意識が明らかになった。

3.1　活動・指導の価値基盤 (仏教に基づく価値観)

　対象者は，コミュニティワークを実行するにあたって，ブッダ（仏陀）の教えにおける四無量心，つまり慈無量心 (*mettā*) 慈しみ，悲無量心 (*karuṇā*) 憐れみ，喜無量心 (*muditā*) 喜び，捨無量心 (*upekkhā*) 平静といった基礎的な要素を取り入れていることについて示唆した。さらに，コミュニティメンバーとの交流基盤を形成する価値観の核心要素として，この四無量心に基づく慈悲があるとの認識がほとんどの対象者に示された。対象となった僧侶はしばしば「私たちの役割とは慈悲の心によって人々を救うことだ」と強調し，他の人と共に活動する際に「親切」で「優しく」接することが大切であると主張した。

　また，回答者のうちの数人は利他主義を活動における重要な価値と位置づけていることについて語った。特に，最も弱い立場に置かれているコミュニティメンバーのサポートにおける自らの貢献を「他者へのサービス」だと述べている。

　全人的という枠組みに類似した，すべてを包む包括的価値を強調した僧侶もおり，活動の対象者には「物理的，社会的・情緒的，心理的，そして精神的／スピリチュアルなすべての側面」に対処する必要があることを，多くの僧侶が指摘している。この全人的・包括的アプローチの説明には「良い行いは良い思考，良い対話，そして自身と社会に対する良い行動から生まれる」とも記されており，一個人の枠を超えた仏教ならではの価値観・道徳観がみられる。

　人々の苦しみへの対応において，僧侶が上述した慈悲，利他主義，そして全人的・包括的の価値観に基づいて行動し，これらの価値観を貫くことを活動の倫理的基盤として認識していることが明らかになった。活動の具体的な手法は脇へ置き，「仏教は，仏僧がコミュニティメンバーに関わることで彼らを助け，社会を発展させ，勇気を与えるものだ」という認識を示し，活動の価値基盤と

して，精神的基盤としての仏教の姿について確認ができた。僧侶が路上に生活する人々，身寄りのない高齢者や子ども，または薬物依存症の者などに対して「運が悪い」と認識し「よろこんで救いの手を差し伸べる」原動力として仏教を位置づけ，インタビューではコミュニティワークそのものを説明する際に「助ける」「慈善活動を行う」「問題を解決する」「世話をする」などの多様な文言を用いて語った。

3.2　コミュニティのニーズと期待

　僧侶は，日ごろ，コミュニティと非常によく繋がっており連携が取れていることが明らかになった。コミュニティのニーズとして，（聖職者として）精神的／スピリチュアルなリーダー・指導者，教師，カウンセラー，仲介者，介護者など，僧侶に対して様々な役割と機能が期待されていることについて確認できた。僧侶が自らの首尾一貫感覚を保ちながら，仏教の教えに基づいて，個人や社会の福祉・幸福のために貢献する優れたコミュニティリーダーとなることを，コミュニティメンバーたちが望んでいる期待感が示唆された。これらの期待を受けて，僧侶の多くは，この役割を果たすために自らの知識と多様なスキルを身につけなければならないというプレッシャーを日々感じていると回答している。

　僧侶は，在住中のコミュニティにおける多様な社会的，経済的，保健衛生的等のニーズを常に把握し特定しなければならない。社会的側面では，家庭内暴力や身寄りのない子どもと高齢者が，近年，特に懸念されている。経済的側面では，高い貧困率と失業率の対処という課題に僧侶たちが立ち向かっている。保健衛生の側面に関しては，精神疾患やHIV/AIDS，もしくはその他の深刻な疾病を抱えて生活しているコミュニティメンバーへの対応の必要性が認識されている。他には，教育分野では，公的教育へのアクセスがない若者や退学した若者への支援が求められていることを僧侶の多くが認識している。

3.3　コミュニティのニーズに対する仏教徒の対応

　特定されたニーズに対して，僧侶が寺院を拠点に，コミュニティの中でサービスを提供しているとの回答が得られた。コミュニティワークは，当初は慈善活動を含んでいた。今もなお，食料（米，醤油／魚醤，インスタントヌードル，砂糖，干魚，飲料水など）を貧しいコミュニティに住む人々，孤児，病院の患者たちへ寄付する活動を定期的に行っているが，これは元々仏教の伝統的な祭祀の一環としてコミュニティの仏教徒が行ってきたものであった。このような慈善活動は，地域に住む仏教徒が食料等を僧侶，あるいは寺院へ寄付すること，そして，これらを僧侶，または寺院が分配し最終的な受益者に与えることによって，寄付者にとって2倍の功徳（パーリ語：puñña）がそこから得られると仏教徒の多くが考えているようだ。

　上記のような慈善活動以外に，僧侶自身の日常的な実践の一部として，精神的，社会的，心理的なニーズに対処している，と対象者全員は主張した。特別な状況だけでなく，僧侶は，毎日，崇拝者たちの幸福を祈っている（Blessing）。さらに，お経を唱えて儀式を執り行い，仏教の教えに基づく良い生き方に関する講義やワークショップを開催している。また，僧侶は，個人的な問題や対人関係で悩んでいるコミュニティメンバーの相談を受けている。ラジオ，テレビ，FacebookやYouTubeなど様々なチャンネルやメディアを用いて，一般市民向けの道徳教育を提供している。ほかには，社会的不平等を解決するための努力を重ねている者が対象者の中にいた。社会・経済的に不利な状況に置かれている若い男女のために教育へアクセスできる支援を行い多様なサービスを提供している。

　インタビュー時，一人のある僧侶は次のように述べた「私の目標は，不利な状況の人々の生活の質を向上させ，彼らのために社会的改革を生み出さなければならない，彼らがより良い生活を送れるために常に努力しなければいけない。私たち僧侶は，エネルギー，知識，経験，そしてスキルを用いて不利な状況の人々を支援し，無知や貧困の悪循環を打ち破る手助けをして，思いやりのある救いの手と教育を通して貧しい子どもたち，家族，コミュニティのために，

より快適な環境をもたらすことに力を注いでいる次第だ」。

　回答者の中には，僧侶自らが他の僧侶や尼僧による介入を受ける側にいるとの捉え方を示した者もいた。若い僧侶が高等教育に進むための経済的支援（資源投資）や年老いた僧侶や尼僧のための介護を提供する活動がその一例として示された。

　他には，研究チームにとって印象的な活動分野となったのは，環境整備，あるいは環境問題や自然保護に重点を置いた活動だった。僧侶は植樹，井戸掘り，ため池作りや運河作りといった様々なコミュニティ開発に関与しており，それらを支援してきた。対象者のうちの数人が，道路，学校，ヘルスセンター，あるいは住宅の建設などのコミュニティのインフラ整備と開発を担っていることが明らかになった。

　対象者はコミュニティのニーズに対応するための寺院の他の多様な活動について紹介してくれた。その前提となるのは，寺院をコミュニティの人々の居場所であり対話できる場であるという伝統的・文化的認識である。したがって，寺院という場では，コミュニティメンバーがクメール文化や伝統を共有し教育でき，カンボジアン・ニュー・イヤーであるプチュム・ベン（Pchum Ben，先祖崇拝とも関連する）やボン・カテン・ティアン（Bon Kathen Tean，僧侶に新しい法衣を寄付する），ボン・プカ（Bon Pkha，募金を募る儀式）などの祭祀を執り行っている。寺院という場では，コミュニティメンバーに一般的な教育も提供され，生活スキルの学習／訓練や職業訓練も行われており，寺院を拠点とした教育／学習プログラムがなされている。さらに，寺院という場は，学生，身寄りのない高齢者やホームレスの人々の居場所にもなり，住む場所として無料で提供される事例も数多く存在している。また，寺院という場は治療や争い解決のための場所としても使用されており，仏教教育，宗教儀式とそれに付随するカウンセリングといった組み合わせを超えた幅広い領域の活用と取り組みについて確認できた。

3.4　仏教コミュニティワークにおける課題の特定とその対処

　対象者へのインタビューに基づき，仏教コミュニティワークの経験を踏まえて 3 つの種類の課題を抽出できた。これら課題とは，まず，文化的・社会的規範，次に，知識基盤・スキルから構成されるキャパシティ，そして第 3 に，財政である。

　文化的・社会的規範については，すべてのコミュニティメンバーを人として尊厳するといった自らの倫理観，現世の苦しみが過去の過ちとの関係性といった人々に深く浸透している信念との間に矛盾を感じ迷走している僧侶が数名いた。社会経済的に不利な立場の女性や家庭内暴力の被害者，または精神疾患を抱えている人々のための活動を決して認めないという地域住民がいるとの認識が示された。なぜかというと，今現在人々が直面している苦しみや問題とは，単純に，その人が過去に犯した罪や過ちによって引き起こされ，今はこれらを償っているだけという信念が背景にあるからだ。

　さらに，自分の行動や他者との交流に対する期待に応えられるかといった大きなプレッシャーを感じている僧侶もいる。例えば，僧侶が異性との個人的な交流を避けることが期待されているために，地域に住む女性や少女のためのスキルトレーニングなどの特別なプログラムを提供することが難しいと感じる僧侶はいる。また，HIV 感染や HIV/AIDS 患者を支援したり，生殖補助医療関連の活動を行う際に，消極的な姿勢を示す僧侶もいるようだ。HIV 感染のリスクにさらされた人々や HIV 患者に安心感を与え慰めること以外，彼らが安全な性行為するための助言や痛みを軽減する方法について話し合う際に，僧侶として居心地が悪いと感じている，という課題もみえた。一人の僧侶は次のように述べている「僧侶は弱い立場の少女や女性を直接的に助けたりして，HIV/AIDS について話すことがなかなかできない。なぜなら，僧侶はセックスについて話をすることができないからだ。僧侶は彼女ら・彼らを言葉で勇気付け，慰めることしかできない。僧侶は謙虚でなければならないため，大声で主張する人にもなれない」。非常に稀なケースではあるが，僧侶はいかなる種類のコミュニティワークにも関わるべきではなく，仏教の実践を寺院の中での

み行うべきと考えているコミュニティメンバーと直面したという対象者もいた。

　2つ目の課題であるキャパシティに関しては，僧侶たちがほとんど極めて限定的なソーシャルワークの正式な教育と訓練しか受けていないことが認識されている。結果として，僧侶は，弱い立場のコミュニティメンバーの基本的なニーズを満たすのは簡単だが，そうした人々に感情的，心理的なサポートを与える際に苦労するのである。さらに，長期的なプロジェクトや新たなプログラムを開発したり持続可能な形で運営管理したりすることが困難であるとの認識が示された。

　最後の課題である財政的・金銭的側面について，インタビューに応じた僧侶がある制限を指摘している。僧侶は何も所有しておらず，財産をもつことが許されないという点である。換言すると，僧侶もコミュニティによるサポートに依存しているということだ。それゆえ，立場の弱いコミュニティメンバーをサポートするために，まずそのために必要な財源確保から努力しなければならないし，コミュニティにいる富裕層との関わりを常に持ち，僧侶以外のコミュニティメンバーの資源と財源を活動へいかに移行させるかという能力に頼っているともいえる。さらに，地元や海外／国際支援機関などから公式な資金源を見つけて申請し，確保するための技術的な能力と情報の欠如は，活動に必要な資金確保への道を妨げているといえる。

　特定されたこれらの課題を解決するため，ソーシャルワーク専門職と僧侶が協力して，コミュニティワークに参加する僧侶や尼僧の役割について議論するパブリックフォーラムを共同で開催することを，多くの僧侶は望んでいる。同調査をきっかけに，対象となった僧侶は，研究チームとの関わりと研究成果によって多くの発見について共有し，仏教コミュニティワークに関するさらなる対話と議論を行う場としてパブリックフォーラムの開催を提案している。僧侶や尼僧の専門的な能力，特にプロジェクト／プログラムの開発，実践，評価，立場の弱いコミュニティメンバーのための臨床カウンセリングや迅速なサポートのための能力を強化するための短期と長期の両方の教育・訓練を提供する大

学と寺院の共同と連携により一層注力すべきとの案も出された。寺院の活動を
支援する省庁や寄付者による経済的・金銭的貢献を活動している僧侶が期待し
ているが，同時に，自らの寺院で確保できる資金の可能性を探り，伝統的な祭
祀や儀礼の際に寄付金などを募りこれらを活動資金として用いるなど寺院・僧
侶の潜在的役割として認識している。多くの僧侶たちは，自らの活動が地域の
人々にとって一種の模範（ロールモデル）となりよい影響をコミュニティメンバ
ーに与えたいと話している。また，様々な活動に投資する価値をコミュニティ
全体に示し，「コミュニティメンバーの模範となりインスピレーションとなり，
彼らの人間性を発展させ社会改革を促す」ように努力したい，とある対象者は
インタビューで述べている。

4　まとめと考察

　本章では仏教コミュニティワークにおける僧侶の経験を踏まえて，とりわけ
指導に対する価値観，コミュニティの期待やニーズに対する僧侶の認識，コミ
ュニティの課題への僧侶の対応とその諸課題に焦点を当てて，述べてきた。本
章で確認できた実態とは，まず，僧侶が仏教の教えをよく理解した上で，特に
慈悲，利他主義，そして全人的・包括的アプローチの三要素を，活動における
不可欠な価値観の一部であると認識されていることが示唆された。コミュニテ
ィ内の幅広い社会的，経済的，そして保健衛生的ニーズを把握し，慈善活動，
精神的指導，心理的ケア，教育と訓練，社会的啓蒙活動，インフラ建設や環境
保護など，コミュニティの課題に対する僧侶たちの多様な対応についても本章
で確認できた。いっぽう，調査結果からは，僧侶たちがコミュニティワークを
介して経験した，文化的規範，専門的な能力，そして財政に関連した問題につ
いて論じてきた。

　当研究の成果は，カンボジアの発展，とりわけ環境問題への対応，立場の弱
いコミュニティメンバーへのケアの提供，社会経済的に不利な状況の家族のヘ
ルスケアへのアクセスの推進，食の安全の向上などの領域における仏教の役割
を強調できる知見が得られ，この分野の既存の調査研究と一致する結果が得ら

れた（Adams & Alsindi, 2014; Adams & Carroll, 2012; Hodges & Scott, 2013; Miwa, 2015）。これらの先行研究では，さらに，仏教コミュニティワークにおいて僧侶が直面する教育レベルや専門的な適応力の違い，または，タブー視された問題を扱うプログラムへのサポートの欠如を含む課題についても言及されてきた（Adams & Carroll, 2012）。

　今回の結果を踏まえて，カンボジアでは，仏教コミュニティワークとソーシャルワーク専門職を同一視する傾向が強いという実態について懸念事項の一つとして確認ができた。国際ソーシャルワーク学校協会（IASSW）と国際ソーシャルワーカー連盟（IFSW）はソーシャルワークという職業の定義を以下のように定めている。

　「ソーシャルワークは，社会変革と社会開発，社会的結束，および人々のエンパワメントと解放を促進する，実践に基づいた専門職であり学問である。

　社会正義，人権，集団的責任，および多様性尊重の諸原理は，ソーシャルワークの中核をなす。

　ソーシャルワークの理論，社会科学，人文学，および地域・民族固有の知を基盤として，ソーシャルワークは，生活課題に取り組みウェルビーイングを高めるよう，人々やさまざまな構造に働きかける[4]」（日本ソーシャルワーカー連盟（JFSW），2022）

　上記のような学術的／専門的な文脈において，僧侶によって強調された慈悲，利他主義，全人的・包括的アプローチを基盤とした活動に対する仏教的価値観は，内在的価値や人間の尊厳，集団的責任，そして人々や人間と環境の相互的

---

[4]　英語の原本では，IFSW によるグローバル定義が引用されたため（http://ifsw.org/what-is-social-work/global-definition-of-social-work/ （2020.12.20 取得）），本書では日本ソーシャルワーカー連盟（JFSW）のグローバル定義の和訳を掲載することにした（https://jfsw.org/definition/global_definition/#:~:text=%E3%82%BD%E3%83%BC%E3%82%B7%E3%83%A3%E3%83%AB%E3%83%AF%E3%83%BC%E3%82%AF%E3%81%AF%E3%80%81%E7%A4%BE%E4%BC%9A%E5%A4%89%E9%9D%A9,%E3%83%AF%E3%83%BC%E3%82%AF%E3%81%AE%E4%B8%AD%E6%A0%B8%E3%82%92%E3%81%AA%E3%81%99%E3%80%82　（2022.10.15 取得））。

依存といった，ソーシャルワークの原則に対して補完的役割を担う。いっぽう，本調査の対象となった僧侶には触れられなかったのは，定義の文中で謳われている社会的正義と人権の原則である。これらは構造的な不平等や社会的，経済的，政治的な調整における不平等に対する正当な配慮を求めるものである。しかし，本調査の回答者らが述べたように，仏教コミュニティワークは当初は基本的なニーズに対して即座に対応し一時的な安心感を与える慈善活動に焦点を当ててきた。若い女性の初等，中等，高等教育へのアクセスや社会経済的に不利な状況の家族の持続可能な生活など，対象者の性別や社会的地位（状況），特有の課題に対処する限定的なプログラムが誕生したことで，仏教コミュニティワークが慈善事業から仏教ソーシャルワークへと変化するという可能性と期待が生まれたのだ。

　カンボジアにおける仏教コミュニティワークの現状に対する批判的評価は，専門職の保護主義的に専門職の役割を強化しようという意図によるものではない。仏教はほとんどのカンボジア人の生き方そのものであり，仏教と仏教徒による社会貢献はカンボジア社会の発展にとって不可欠なものであった（Delaney & Scharff, 2010）。歴史を通して，仏僧やコミュニティリーダーを務める仏教徒が人間の福祉，人権，平和，正義を尊重し啓蒙してきた社会活動家としてその地位を確立してきた（Bloom, 2018）。そのため，今回の評価はソーシャルワークの機関や専門家たちが仏教コミュニティワークをカンボジアに特有のソーシャルワーク活動へと転換する機会があることを指摘するものである。本研究に参加した僧侶が示唆しているように，ソーシャルワーク学校は仏教組織との相互パートナーシップを育み，強化することができる。こうした学校は，仏教僧や尼僧やリーダーたちが仏教の教えを主張し，社会的正義や人権の原則を踏まえたしっかりとした価値基盤を形成し発展させたりすることを充分に支援できるといえよう。さらに，このような取り組みを通して，僧侶が個人，グループ，コミュニティのレベルでの介入に参加し，評価，開発，実行，判断をサポートすることができるようになる。同時に，ソーシャルワーク学校は仏教リーダーからのインプットを求め，その精神性／スピリチュアリティをソーシャルワー

ク教育と実践に注入することができる。寺院の存在感と全国のコミュニティに
は仏教的価値が浸透しており仏教的な生活様式が融合されていることは，カン
ボジアのコミュニティ・ソーシャルワークの実践における不可欠な文脈と財産
であることをここで改めて記した。

5　謝　辞

　研究者は自らの経験や知見を共有する時間を割いてくださった，調査研究に
参加してくださったすべての方々に感謝の意を表したいと思う。プロジェクト
を通してご指導と学術的・技術的なご助言を提供してくださったトレイシー・
ハラチ教授，郷堀ヨゼフ教授，ジョン・マストン教授にも感謝する。王立プノ
ンペン大学のリサーチユニットの技術的なサポートにも感謝の意を表したい。
また，研究助成（補助金，RUPP リサーチユニット）をご提供してくださった
RUPP 大学にも深く御礼を申し上げたい。

引用文献・参考文献

Adams, N., & Alsindi, N.(2014). *Reducing maternal mortality in Cambodia: Faith dimensions.* Washington, DC: World Faiths Development Dialogue.

Adams, N., & Carroll, E.(2012). *Buddhism and development: Communities in Cambodia working as partners.* Washington, DC: World Faiths Development Dialogue.

Bloom, A.(2018). Understanding Buddhist activism. Retrieved at http://bschawaii. org/shindharmanet/studies/activism/(Retrieved on December 20, 2020)

Bodhi, B.(2012). *The noble eightfold path: The way to the end of suffering.* Retrieved at http://www.buddhistinformation.com/(Retrieved on December 20, 2020)

Crookston, B. T., Dearden, K. A., Chan, K., Chan, T., & Stoker, D. D.(2007). Buddhist nuns on the move: An innovative approach to improving breastfeeding practices in Cambodia. *Maternal & Child Nutrition, 3*(1), 10-24.

Delaney, A., & Scharff, M.(2010). *Faith-inspired organizations and development in Cambodia.* Washington, DC: World Faiths Development Dialogue.

Eisenbruch, M.(2018). The cultural epigenesis of gender-based violence in Cambodia: Local and Buddhist perspectives. *Culture, Medicine and Psychiatry,* 1-35. doi:10.1007/s11013-017-9563-6.

Hodges, L., & Scott, S.(2013). *Faith and environmental action in Cambodia.* Washington, DC: World Faiths Development Dialogue.

Ministry of Cults and Religion(2016). *List of temple and monks in Cambodia, 2015-16.* Phnom Penh: Ministry of Cults and Religion, Cambodia.

Miwa, T.(2015). Food supply in Cambodian Buddhist temples: Focusing on the roles and practices of lay female ascetics. *Southeast Asian Studies, 4*(2), 233-258.

Pew Research Center(2012). *The global religious landscape: A report on the size and distribution of the world's major religious groups as of 2010.* Washington, DC: Author.

Suon San, V.(2014). *Social functioning of young Buddhist monks living in Botumvadeydhammayut Monastery, Phnom Penh, Cambodia: A phenomenological study.* Unpublished thesis, Faculty of Social Work, Asian Social Institute, Manila, Philippines.

Takahashi, M.(2015). Food Supply in Cambodian Buddhist Temples: Focusing on the Roles and Practices of Lay Female Ascetics. *Southeast Asian Studies, 4*(2), 233-258.

Work, C.(2014). Sacred bribes and violence deferred: Buddhist ritual in rural Cambodia. *Journal of Southeast Asian Studies, 45*(1), 4-24.

執筆・研究協力者一覧

ボラ・チュン (Chun Bora)
　カンボジア。プノンペン王立大学ソーシャルワーク学部 (RUPP)
　カンボジア専門職ソーシャルワーカー協会会長

キオ・ヴィチット (Keo Vichith)
　カンボジア。フリーランス，元僧侶，RAJA 佛教大学講師，実践者

H. ワン・ゴー (Hieu Van Ngo)
　カナダ。カルガリー大学，ソーシャルワーク学部

スオン・サン (Suon San)
　フィリピン。アジアソーシャル学院

郷堀ヨゼフ
　日本。淑徳大学アジア国際社会福祉研究所教授
　josef@soc.shukutoku.ac.jp

藤森雄介
　日本。淑徳大学アジア国際社会福祉研究所教授

資料

1

カンボジアにおける
仏教コミュニティワーク
「仏教ソーシャルワークの探求」

「アジアの仏教ソーシャルワークに関する国際学術シンポジウム」

日本，京都，龍谷大学

2018年12月22日

ボラ・チュン

ソーシャルワーク修士（MSW）

カンボジア，王立プノンペン大学，ソーシャルワーク学科

H.ワン・ゴー博士

カナダ，カルガリー大学，ソーシャルワーク学部

概要

- カンボジアについて
- カンボジアの仏教
- 研究の目的
- 研究の方法論
- 研究の限界
- 結論
- ディスカッション

カンボジアについて

- 人口　1500万人

- 55.5％が女性

- 30％以上が15歳未満

- 80％以上が農村部に居住

- 平均余命　60歳

 カンボジアの仏教

- 人口の95％以上が仏教徒

- 4,815の寺院，60,370名の僧侶(MoCaR, 2015)

- カンボジアの憲法でも，仏教を国教として定めている
  (第43条, 1993年)

- 上座部仏教の伝統

カンボジアにおける仏教と社会的発展

- 僧侶や尼僧が，さまざまな社会問題へ取り組む：
  - 性暴力
  - 若者の道徳と若者による暴力
  - メンタルヘルス
  - コミュニティの発展の支援
  - 健康づくり
  - 環境保護
  - HIV/AIDS患者，孤児，身寄りのない高齢者/子どもの支援
  - 教育支援
  - 食糧支援
- 慈善活動を通して体系化された訓練や直接的な奉仕，コミュニティづくりの取り組みを行う

研究の目的

- カンボジアの文脈において仏僧が関わる活動の価値基盤，僧侶の役割と機能について検討すること。

研究の方法論

多方向の質的アプローチ…

- 学術的な先行研究，既存の情報，宗教省，仏教徒会議ならびに宗教的信念に触発された組織（Faith Inspired Organizations)の運営者が公表した報告を，先行研究分析としてレビュー。
- カンボジアの25の地域で，電話または面談によって29名の僧侶にインタビューを行った。
- 4つのコミュニティの現場を視察し，フォーカスグループインタビューを行った。
- 文字起こしされたインタビューデータとフィールドノートの分析に，質的研究支援ソフトウェア（NVivo 12）を使用した。

研究の限界

- 仏教指導者のサンプル数は少なく，仏教徒のコミュニティ全体を代表していない。
- 主に男性の視点に偏っている（僧侶から）。
- 仏教徒によるコミュニティでの活動の受益者からのインプットは限られている。

結論

1.活動の価値基盤を形成する仏教

−回答者はコミュニティでの活動を導く価値観として，
仏教の教えの「四無量心」を取り入れている。

・慈無量心（mettā）慈しみ。生きとし生けるものに対する慈しみ，深い友情を指す
・悲無量心（karuṇā）憐れみ。生きとし生けるものの苦悩を共有し（同情，同感），取り除いてあげたいという願いを指す
・喜無量心（muditā）喜び。生きとし生けるものの喜びを共有することを指す。
・捨無量心（upekkhā）平静。不苦不楽の状態，落ち着いた心を指す。

四諦の象徴であるバイオン寺院の「4つの顔」

「私たち僧侶の役割とは慈悲の心によって人々を救うことだ」

・**利他主義の価値観**

特にコミュニティの中でももっとも脆弱な成員を支援する上で，僧侶たちは「他者への奉仕」への尽力に言及した。

・**全人的・包括的価値観**

「良い仕事は，良い思考，良い発言，そして自分自身と社会に対する良い行動から生まれてきます」。　聖性または善行とは「存在の身体，社会・情緒，心理，精神・スピリチュアルというすべての側面」に注意を払うこと

慈悲をもった利他主義と全人的・包括的アプローチという上記の価値観に基づき，回答者は，人間の苦しみや個人的な危機に対して応答するという自らの*倫理的責任*に言及した。

「仏教は僧侶に対して，コミュニティの成員に介入して支援すること，そして社会を発展させ」，「恵まれない」とされる人々にケアを提供するように促している。

・僧侶がコミュニティでの活動を描写するのに用いた語句

助ける，慈善活動をする，問題を解決する，世話をする

結論

2.コミュニティからの期待とニーズ

コミュニティの人々は僧侶に対し，下記のような幅広い役割を期待している。

- 精神的・スピリチュアルな指導者
- 教師
- カウンセラー
- 仲介者
- 介護者

「僧侶は，正統性を体現し，仏教の教えを守り，個人と社会の改善に貢献する，豊かなリソースを備えた指導者でなければなりません」

社会，経済，健康面でのニーズ
コミュニティの中では，社会，経済，
健康面での幅広いニーズが
把握されている

○ 家庭内暴力や，身寄りのない子ども・高齢者

○ 高い貧困率と失業率

○ 精神疾患を抱えるコミュニティメンバーや，

　HIV/AIDSなど深刻な病と共に生きる人々への支援

○公的教育にアクセスできない，または退学した若者の支援

結論

3.コミュニティのニーズに対する仏教の対応

- **慈善活動**：食糧提供（米，大豆，醤油/魚醤
インスタント麺，砂糖，干魚，非アルコール飲料と飲料水）
その他生活用品（**4種の生活必需品/Chatopachay**）
- **精神的/スピリチュアル・社会的・心理的支援**

社会的不平等を是正し，社会的・経済的に不利な立場に置かれた若い男女に特定のサービスを提供し，正式な教育につなげようとする努力は限られている。

ある僧侶の発言：

「私の目標は常に，不利な立場に置かれた人々の生活の質を向上させ，より良い暮らしを送れるように状況を改善することです。私たちはエネルギー，知識，経験，そしてスキルを使って，不利な立場に置かれた人々に介入し，無教育と貧困の悪循環を断ち切る助けを提供して，思いやりのあるケアと教育を通じて，貧しい子どもたち，家族，コミュニティにもっと快適な環境を与えることに力を注いでいます。」

- コミュニティプログラム：木を植える，井戸を掘る，池や水路を作る，道路，学校，医療センターや安直な家など，コミュニティのインフラの整備を助ける

- コミュニティでの寺院の役割：

  ✓ 文化の保護と発展を押し進める

  ✓ さまざまな文化的儀式を組織する新年のお祝い，Pchum Ben（祖先崇拝），Bon Kathen Tean（僧侶に新しい法衣を与える）Bon Pkha など

  ✓ 教育支援

  ✓ 生活に必要なスキルの教育・職業訓練

  ✓ 学生，身寄りのない高齢者やホームレスのための無料の宿泊所を提供

  ✓ 癒しのためのスペースの提供，もめ事の仲裁

  ✓ 宗教的な教えや儀式，カウンセリングの提供

仏教コミュニティワークにおける課題

文化的規範

- 現在の苦しみを，過去の悪い行いに結びつける考えが一般的

- 僧侶が，社会・経済的に不利な立場に置かれた女性，家庭内暴力の被害者，精神の病を抱える人々と共に働き，女性や少女との直接的なやりとりをしたり，生殖補助医療の取り組みに関与することが認められない

- 僧侶はコミュニティでの活動に関与すべきではなく，寺院の中で仏教の活動のみに専念すべきであるという考え

「僧侶は，保護を必要とする少女や女性を直接助けたり，HIVやAIDSについて語ることはできません。僧侶はセックスについて話すことができないからです。口頭でこうした人たちを励まし，なぐさめることができるだけです。僧侶は謙虚でなければならないため，擁護者になることはできません。」

仏教コミュニティワークにおける課題

プロフェッショナルのキャパシティ
- ソーシャルワークの正式なトレーニングとスキルに限りがある。
- コミュニティの成員に感情面・心理面での支援を行うことが困難。
- 長期的なプロジェクトやプログラムの開発とマネジメントが不足している。

経済的な制限
- 自分自身が生きていくうえでコミュニティの支援に依存している。
- 脆弱なコミュニティの成員を支援しようとする努力は，僧侶が経済的に豊かなコミュニティの成員のリソースを利用し，それを移動させることができるかどうかにかかっている。

課題への取り組み

- プロフェッショナルのソーシャルワーカーと仏教指導者の間のコラボレーションを進め，コミュニティでの活動に関わる僧侶や尼僧の役割について議論するパブリックフォーラムを協働で組織する。
- 大学と寺院のパートナーシップをより重要視する（ソーシャルワーク関連の実践についての短期的・長期的なトレーニング）。
- 省庁や寄付者による，僧侶の取り組みを支えるための経済的な支援を増やす 。
- コミュニティへの投資の重要性を示し，「自分自身の人間性を向上し社会変革を促し，発展させていく」よう，コミュニティメンバーにとってポジティブなロール・モデルとなるよう努める。

ディスカッション

- 仏教の **慈悲，利他主義，全人的・包括的アプローチ**という価値観に導かれた仏教コミュニティワークは，カンボジア各所の寺院やコミュニティの僧侶や尼僧によって実践されている。
- 仏教コミュニティワークは，コミュニティの中では，社会，経済，保健衛生での幅広いニーズにこたえるものであり，慈善活動，スピリチュアルな導き，心理的なケア，教育と訓練，社会の認識度の向上，インフラの整備，さらに環境の向上に関わっている。
- 僧侶は，文化的規範，プロフェッショナルのキャパシティ，経済的な制限による継続的な困難を経験しており，こうした課題に対応する今後の戦略が考えられる。

ディスカッション

- カンボジアにおける仏教コミュニティワーク
  - 主に慈善活動 がベース
  - 社会的・経済的不平等に取り組む活動は限定されている
  - 慈悲，社会的正義，人権に重きを置き，プロフェッショナルなソーシャルワークと一致する要素もある
- プロフェッショナルなソーシャルワークの発展において，寺院や仏教指導者は重要な役割を果たしうる
- 今後，仏教コミュニティワークを仏教ソーシャルワークへと展開させるため，プロフェッショナルなソーシャルワーカーと仏教指導者がより連携することが必要

第2部

ミャンマー

第4章 ミャンマーにおける仏教ソーシャルワークの概要

チョー・シッ・ナイン

イ・イ・ピュー

1 寺院の数，僧侶と尼僧の数：仏教徒の数

　ミャンマーでは，ほとんどの国民が仏教徒であり，彼らの日常生活において寺院が重要な役割を果たしている。ミャンマーの人口の公式な記録であるミャンマーの国勢調査データによると 2017 年には 2,200 の寺院が存在していた。ミャンマーはパゴダと呼ばれる仏教寺院がいくつかあることでも有名であり，それゆえに"パゴダの国"と呼ばれている。寺院は多層構造であり，先細りした形のパゴダは白で塗られるか，金張りが施されている。ミャンマーには多数の僧院が存在し，これらは国内の仏教僧の住居となっている。ミャンマーでは毎年，ほとんどの僧侶が，僧侶としての人生をこの僧院からスタートさせる。仏教の教えや教義はこうしたミャンマーの仏教僧院で年長の僧侶から受け継がれる。仏教僧はミャンマー社会では崇められる存在である。State Sangha Maha Nayaka Committee の 2016 年の統計によると，サンガ (*Sangha*) には 53 万 5327 人の僧侶が所属し，完全に叙階された仏教僧 (*bhikkhu*) は 28 万 2,347 人，見習い僧 (*samanera*)[1] は 25 万 2,962 人と，ほぼ均等に分かれている。

　ミャンマーでは，仏教が大きな力を持つ主要な宗教であり，人口の 89％ が仏教を信仰している。2019 年には国全体の 5,400 万人の人口のうち，50 万人の僧侶と 7 万 5,000 人の尼僧がいた。こうした宗教的構造はビルマ人の精神的または宗教的な生活に影響を与えるだけではなく，彼らの生活に政治的，社会的な影響をも及ぼす[2]。

　仏教は世界でも最も大きな宗教の一つである。仏教はインドで誕生し，仏陀

---

1) "The Account of Wazo Monks and Nuns in 1377(2016 year)". The State Sangha Maha Nayaka Committee. 2020.5.19 取得

2) Department of Religious Affairs(in Burmese). Ministry of Religious Affairs. 2016.11.13 取得

の教えに基づいている。仏教はユニークな伝統，実践，そして信仰を持っている。仏教を実践する人々は仏教徒として知られ，転生を信じている。彼らは，死は終わりではなく，人は死の後に生まれ変わると信じている。仏教徒は涅槃，つまり "Nibbana" を見つけることが転生のサイクルを終わらせる鍵だと信じている。

　仏教は宗教だと考えている人もいるが，哲学だと考える人もいる。自らを発見し，内なる平和を見つけるために仏教を実践する人もいる。仏教は世界中で信仰されている宗教で，全世界では5億3500万人もの人々が仏教を信仰しており，世界の全人口の8 ～ 10％を占める。

　いくつかの国では，仏教信者の割合が非常に高くなっている。最も割合が高いのはカンボジアだ。1,500万人以上の人口のうち，およそ1,370万人―つまり全人口の96.9％―が仏教徒である。その他に高い割合をもつ国は，タイ，ミャンマー，ブータン，スリランカ，ラオス，モンゴルである。

　上記に記された国々では，仏教徒が多数派であり，全人口の少なくとも55％を占めている。しかし，何百万人もの仏教徒が存在するのはこの国々だけではない。仏教徒が全人口の少なくとも10％を占める国は，日本，シンガポール，韓国，台湾，マレーシア，中国，マカオ，ベトナム，香港，北マリアナ諸島，ネパールである。中国が最も仏教徒の人口が多く，およそ2億4410万人である。ミャンマーの主要な宗教は仏教 (80.1%)，キリスト教 (7.8%)，イスラム教 (4.0%)，ヒンドゥー教 (1.7%)，民間信仰（精霊信仰者）(5.8%) であり，その他の宗教信仰や無宗教の国民もいる。その長い歴史を通して，ミャンマーでは宗教紛争や宗教に基づいた差別は起こらなかったと信じられている。仏教は国民のおよそ90％により信仰されている。1891年のミャンマー国勢調査まで遡ると，84 ～ 90％の人口が仏教を信仰していた[3]。

---

3) "Global Religious Landscape: Buddhists." Pew Research Center. 18 December 2012, Johnson, Todd M.; Grim, Brian J.(2013), Henry, Peter(2013). An Introduction to Buddhism: Teachings, History and Practices(2nd ed.). Cambridge University Press. p.5. ISBN9780521676748. 2013.9.2 取得。および "Global Religious Landscape- Religious Composition by Country". The Pew Forum. 2013.7.28 取得。

2　仏教と国 (政府) の関係，憲法や法典による位置づけ，
　仏教への国家的財政支援

　1000 年以上前から，ミャンマーの人々は純粋なテーラヴァーダ仏教を確固
たる自信と信念を持って受け入れてきた。テーラヴァーダ仏教では，自身のカ
ルマ，知恵と努力に基づいて自身の幸福や繁栄を自由に実行できるように人々
を導く。一方，テーラヴァーダ仏教は人間社会に悪を及ぼす可能性のある悪行
や悪言を避けるように人々に呼びかけ，奨励する。さらに，誰もが自分や家族，
親戚を含めた社会，州，国に関連した義務を責任感を持って果たす必要がある
としている。

　古代のミャンマーの人々は読み，書き，算術に関する基本的な教育だけでな
く仏陀の教えも僧院学校で習っていた。その後彼らは自分たちの人生の旅を続
けるが，仏陀の教えから離脱することはなく，それゆえに平和と繁栄の人生を
送ることができたのである。結果として，ミャンマーは何年もの間，自治のも
と平和に存続することができた。

　1885 年，ミャンマーは独立を失い，その命運が下降し始める。ミャンマー
はおよそ 100 年にもわたってイギリスの植民地支配下に置かれることになっ
た。植民地支配の中，テーラヴァーダ仏教は公的な国の支援を受けることがで
きず，植民地政府は西洋文化や西洋宗教の拡散を強く推し進めた。これにより，
ミャンマーのテーラヴァーダ仏教は衰退した。

　第二次世界大戦終戦直後の 1948 年にミャンマーは独立し，再び主権国家と
なった。それ以来，関係当局によって植民地支配下で衰退していたミャンマー
の文化や宗教の保護を進めるためのあらゆる努力が行われた。しかし，長期化
した内戦が妨害となり，また，教育システムが僧侶によるものから現代的なシ
ステムに変化したことが原因で，これらの努力は予想されていたほどの効果を
生み出さなかった。

　国家建設において仏教の重要性を実現させることができるため，ミャンマー
政府は現在，多大な力を注いで現代的で平和な繁栄国家を築こうとしている。
もし人々が仏陀の教えに従い，国家建設を手伝えば，国の再建という目的はス

ムーズに，そして迅速に達成されるだろう。

　ミャンマーの宗教省は，国内での仏陀の教えの伝搬活動を効果的に支援していると考えられている。宗教省は過去に仏教が栄えなかった丘陵地域や国境エリアにおいて仏教の拡散を推奨している。さらに，植民地時代に衰退した僧侶による教育システムが国に再び導入されている。

　それに加え，宗教省はアドバイザーとして知識のある人々を任命し，大人だけでなく若者も簡単に学習できるような仏陀の教えに関する書籍をたくさん書くよう依頼した。1996年以降，仏陀の教えに関する授業が国中で行われており，夏期休暇中でさえも実施されている。今日では，世界中から多くの外国人がミャンマーを訪れている。彼らの中にはテーラヴァーダ仏教やミャンマーの文化に興味を持った熱心な人々もいる。ミャンマー政府の許可を受け，テーラヴァーダ仏教の真の側面を研究したいと望んでいる外国人の研究家もいる。

　さらに，仏教の伝搬のため，ミャンマー政府はヤンゴンにおける Six Great Buddist Council やその他のプロジェクトを開催するために必要な準備を行う目的で，何百万ポンドもの金額を中心資金として提供した。過去の成果や計画，未来のための準備はすべて，僧侶のコミュニティ，ミャンマーの政府や人々の活動が前例のない幸運な形で意思統一され調和がとれた結果である[4]。

3　仏教の歴史と仏教教育のシステムおよび実情

　ミャンマーの仏教の歴史はおそらく 2000 年以上に及ぶ。1834 年に *Pinyasami* によって書かれた *Sasana Vamsa*（ビルマ人によるタサナの勝利）で，ミャンマーにおける仏教の歴史が大方まとめられている。5 世紀スリランカのパーリ年代記である *Mahavamsa* によると，紀元前 228 年頃にアショーカが，ソナとウッタラという 2 人の *bhikku* を他の僧侶や書籍を含む聖典とともにスワンナプームに派遣した。6・7 世紀のものと推定されるパーリ語，サンスクリット語，ピュー語，モン語の碑文記録が中央および下ビルマ（ピエ，ヤンゴン）

---

4)　The Teachings of Buddha,(Basic Level)Department of the Propagation and Promotion of Sasana, the Union of Myanmar, 2007.

より回収された。11 から 13 世紀にかけて，パガン王朝のビルマ族の王や女王たちは無数のストゥーパや寺院を建設した[5]。

Arigyi 仏教時代には *bodhisattvas* と *nagas* の崇拝も含まれた。テーラヴァーダ仏教は 11 世紀になって初めてビルマ族のアノーヤター王（1044 ～ 1077）によってパガン朝に組み込まれた[6]。

1057 年には，アノーヤター王はタトンのモン町を支配すべく軍隊を派遣し，パーリ聖典の *Tipitaka* を手に入れようとした。彼はモンの *bhikkhu* であるシン・アラハンによってテーラヴァーダ仏教に改宗された。シン・アラハンの助言により，力ずくでモン王のマヌハより 30 組のパーリ聖典を要求した。モン文化はこの時以来，大部分がパガンを拠点としたビルマ文化に同化されることになった。

改革の試みに関わらず，菩薩 *Avalokitesvara*（*Lawka nat*）への畏敬の念のように，アリ仏教や伝統的な *nat*（精神）崇拝の特定の特徴は残り続けた。

パガン朝を継いだ王たちは仏教への敬意を表して莫大な数のモニュメント，寺院，パゴダを建設し続け，1279 年から続く *bhikkhunis* のためのテーラヴァーダ仏教の精舎があるという碑文の証拠が存在する。

ビルマ人によるパガンの支配は，1287 年のビルマへの最初のモンゴル襲来まで続いた。タタール人の侵入により，13 世紀の終わりにかけて仏教は衰退していった。14 世紀になると，スリランカからタイ・アユタヤ王朝の首都であるアユタヤへ，もう一つの森の血統が導入され，新しい叙階ラインがビルマにも導入された。

一方，シャン族は現在ミャンマーとして知られる地域の支配者として自らの地位を確立した。シャン王のティハトゥは多くの僧院やパゴダを支援し建設することでパガンの支配を築きあげた。

---

5)　Sylvain Levi, "*Concept of Tribal Society*" in Pfeffer, Georg; Behera, Deepak Kumar, eds.(2002). Concept of tribal society. New Delhi: Concept Pub. Co. ISNB 978-8170229834.

6)　Liverman, Victor B.(2003). Strange Parallels: Southeast Asia in Global Context, C.800-1830, Volume 1: Integration on the Mainland. Cambridge University Press. pp.115-116. ISBN 978-0-521-80496-7.

モン王朝はシャンの族長により支配されることが多く，14世紀にテーラヴァーダ仏教を育んだ。モッタマの王となったワレルは仏教を支援し，仏教僧院により集積された *Dhammasattaha* という法典を確立した。かつてモンの *bhikkhu* であったダンマゼーディー王は15世紀後期にインワの支配を確立し，モンの領域におけるサンガを統一した。彼は僧侶の叙階を標準化し，カリヤニ碑文に記した。ダンマゼーディー王は首都をハンターワディ（バゴ）へと戻した。彼の義理の母であるシンソーブ女王もまた偉大な仏教の支援者であった。彼女はシュエダゴンパゴダの拡張とギルディングで知られており，自分の体重と同じだけの金を使用した。

シャンに侵入する前にタウングーに逃げたビルマ人は，タビンシュエーティーとバインナウンの治世の元で新しい王国を建設し，彼らは現代ミャンマーの大部分を征服し，統一した。これらの君主たちはモン文化を受け入れ，テーラヴァーダ仏教を贔屓した。

すべての *Tipitaka* 聖典を含む大理石の平板を内包するマンダレーのクトードーパゴダがミンドン王の治世の間に建設された。

続く王たちの治世の間，タウングー王朝は急速に不安定になり，モン族により倒された。18世紀中頃になると，アラウンパヤー王がモン族を倒し，ビルマ王国を拡張し，コンバウン王朝を築いた。アラウンパヤーの息子であるボードーパヤー王の支配下で，王国内における統一的な僧侶の宗派（*"Thudhamma"*）が作られた。ボードーパヤー王はスリランカとの結びつきを復活させ，宗教儀式における相互的な影響を認めた。彼らに続くコンバウン王たちの治世下では，世俗的また宗教的な文学作品が生み出された。ミンドン・ミン王が首都をマンダレーへと移した。

18世紀に入り，下ビルマがイギリスに征服され，キリスト教が認められるようになった。下ビルマから多くの僧侶たちがマンダレーに移住してきたが，ミンドン・ミン王の命令により一般の仏教徒に仕えるために彼らは戻っていった。サンガの中で分裂が起こったが，これは1871年にマンダレーで開催された第5回仏教評議会中に解決した。

　第五回仏教評議会はミャンマーのマンダレーで，ミャンマー暦1232年，仏暦2415年（1871年11月）のタザウモンの最初の衰退日に召集された。ヤシの葉に刻まれた聖典は長持ちしなかった。さらに，聖典の写本を繰り返し，書き直したために様々な版が生まれたと考えられている。そのため，こうした逆境を克服するために，聖典は大理石の平板に刻まれた。

　マンダレーのダッキーナラマ僧院の高僧 Jagarabhivamsa Thera(Tipitakadhara Mahadhammarajadhirajaguru) に率いられた2,400人の *bhikkhus* が召集され，聖典を暗唱し，承認した。ミンドン王は第五回仏教評議会を開始し，最後まで支援した。聖典は最初に，マンダレーヒルのふもとにあるロカマラジマパゴダの境内にある729の大理石の平板に刻まれた。1860年から1868年の間，*Tipitaka* が729の大理石板に刻まれ，クトードーパゴダに集められた。この作業を完了するのに7年6カ月と14日の歳月を要した。その後 *bhikkhus* が5カ月と3日かけて暗唱し，碑文を承認した。1871年には，1871年には当時イギリス領のイギリス領ビルマにあるシュエダゴンのために，王冠の宝石で覆われた新しい *Hti*（ストゥーパの頭部に乗せる新しい金の傘—*Hti*—）がミンドン・ミン王によって寄付された。第5回仏教評議会の後，パーリ語テキストはミャンマー語に翻訳され，仏陀の教えを純化し伝搬するために教義的な命令が国中に公布された。

　イギリスから独立を果たした1948年以降，民間および軍事政府がテーラヴァーダ仏教を支援し続けている。1947年憲法では"連邦の市民の大多数によって公言された信仰としての仏教の特別な地位を国は認識している"と述べられている。1948年に設立された宗教省はミャンマーの仏教活動の管理を請け負っている。1954年，首相であったウー・ヌは第6回仏教評議会をヤンゴンのカバーエーパゴダで開催した。これには2,500人の僧侶が参加し，さらに世界仏教大学の設立に繋がった。

　ネ・ウィン（1962～1988）による軍事支配中，彼はミャンマーを仏教の要素を含むビルマ社会主義に改革しようとした。8888民主化運動には多くの僧侶が参加しミャンマー軍兵士により殺された。続く軍事政権下では，国家平和発

展評議会（SPDC）が仏教を支援したものの，政権とは対照的に，例えばイスラム教やキリスト教のような他の宗教の人々や仏教徒に対する迫害は続いた。

　テーラヴァーダ仏教の信徒は仏教教育を受け，パーリ聖典，ゴータマ・ブッダの生涯譚—550 のジャータカ—，そして最も重要な 38 の仏教の至福の教えについて学ぶために子どもを *kyaungs* へ送った。僧侶たちは，イギリス植民地支配下に世俗的なミッションスクールが登場するまでは若者，高齢者にとって伝統的な教師であった。授業料，制服，本の代金を払うことができない貧しい家庭出身の子どもたちが僧侶による無料の教育を求めて需要を新たにし，シャン族，パオ族，パラウン族，ラフ族，ワー族のような少数グループがこの復興の利益を得ている[7]。

　事実，ミャンマーの仏教僧院教育学校システムは非常に長い歴史のある，古い教育システムであり，アノーヤター王の 11 世紀にまで遡る。今日，僧院学校は，保護の必要な家庭の子どもたちや孤児のために国の基本的な教育ニーズを提供する支援をしており，教育システムの大きなギャップを埋めている。ミャンマーの小学校児童はリテラシースキルや基本的な算数スキルと仏陀の教えに関する知識を学ぶために仏教僧院へ通う。そのため，学校はカリキュラム教育と倫理やモラルの基礎を提供しているのだ。主要な教育提供者としての彼らの役割は何年も前に終わっているかもしれないが，彼らの貢献は 21 世紀のミャンマーではいまだに大きなものである。政府が運営する小学校を補填しながら，彼らは特権のない子どもたちに，政府の小学校と同じカリキュラムを使用して，同様の基本的な教育ニーズを提供しているのだ[8]。

　一般的に，ビルマの僧院学校は，近くに住んでおり，政府の学校に行くことのできない援助の必要な家庭の子どもたちを受け入れている。ヤンゴンやマンダレーの僧院学校に通う孤児の多くは遠隔地の出身で，村や小さな町から年配

---

7)　Htel Aung. "Save Our Schools". Irrawaddy 30 May 2007. 原本より 2007.9.27 にアーカイブ。2007.6.13 取得。

8)　J. R. Andrus in Burmese Economic Life, Stanford University Press, Stanford, California, 1946, pp. 36-37.

の僧侶によって送られてきた子どもが多い。環境や市民のサポートに応じて，寄宿学校のように運営される学校や，デイスクールのように運営される僧院学校が存在する。

　学校は町の教育機関と密接に協力し，公に認識されることを求められる。運営や財政の大部分は，市民からの寄付や協力に依存している。ほとんどの生徒のための授業料はこれらの寄付で賄われ，少額の寄付しかできない親もいる。2004 ～ 2005 年のアカデミックイヤーでは，およそ 1,190 の僧院学校が存在し，10 万人以上のミャンマーの子どもたちに初等および中等教育が提供された[9]。

　ミャンマーの伝統によると，子どもが 7 歳になると，親は仏教の教えと実践を学ばせるために子どもを僧院へ送らなければならない。仏教では，仏陀が王子だった時，従者の"マウンサン"とともに馬の背に乗って宮殿を抜け出し，瞑想を行い，実際の生活の意義や生命の輪がどのように回っているのか，どのように Nibbana を手に入れるかを習得したといわれている。宮廷の庭で老人や病人，死者，僧侶を目撃した時に，彼は人生が苦しみにより作られており，"自己"は存在しないと悟ったのだ。ミャンマーの人々も同様に子どもたちを僧院に送り，仏教教育を受けさせるのである。

　しかし，彼らは僧院に送られる前に，"Shinbyu"という式典の中で祝いの儀式を行う。この式典では，男児が王女のような衣装を身にまとう。そして彼らは仏陀が瞑想に出かけたときのように馬に乗る。ミャンマーにおけるこの仏教式典では，彼らは子どもに，僧侶になる予定の従者の男性を付ける。そしてたくさんの人々が彼らに続き，"Paraitkayashikba"と呼ばれる，法衣などの僧侶になるために必要なアイテムを持ちながら町や村中を回るのである。式典の後，新しい僧侶は僧院に送られる。その後，僧院の長である僧侶が説法を行う。

　その後，新しい僧侶は剃髪し，若い僧侶となるために法衣を着て仏教の教えを暗唱する。その翌日，僧院の長による仏教の説教を聞きに多くの人々が保護者の家に集まる。僧院の長である僧侶と若い僧侶は伝統的な舞台でまず教えを

9）　"Monasteries aid in teaching the needy". The Myanmar Times. Feb 2005. 原本より 2006.11.14 にアーカイブ。2007.4.12 取得。

暗唱する。その後，長である僧侶が少なくとも2時間は続く説教を行う。一般の男性も女性も全員が僧侶に施しを与え，伝統的な食事をゲストと共有する。彼らは皆，仏教僧の教えに大きな興味を持っている。その後，式典が終わり，若い僧侶は仏教の教えを学ぶために僧院に送られ，八斎戒を守るのである。彼らは少なくとも2週間は僧院で学ばなければならない。しかしミャンマーのすべての親たちは新年を迎える祭りであるティンジャンの間，子どもたちにできるだけ長く仏教の教えを学んで欲しいと考えている。

　僧侶として叙階を受け続ける場合，若い僧侶は僧院教育を少なくとも7年間受ける必要がある。僧院の試験は，仏教サンガ，つまり仏教僧のコミュニティのメンバーのランクをつけ資格を与えるためにミャンマーで使用される，毎年開催される試験システムで構成されている。僧院試験のための初めての機関は，植民地時代以前の1648年に始まり[10]，その遺産は今日まで続いており，現代の試験の大部分は宗教省によって行われている。

　僧院試験機関は植民地時代以前に遡る。ビルマ君主たちはこれらの試験をパーリ語，つまりテーラヴァーダ仏教の祭典に使われる言語の勉強を推進するために使用した。合格した応募者たちは王族の承認，称号や階位，そして僧院を与えられた[11]。

　Pathamabyan 試験は，タウングー王朝のサールン王の支配下である1648年に始まった[12]。コンバウン王朝のボードーパヤー王は既存の一連の試験を標準化し，戒律に関連する新しい試験を導入した[13]。

　このシステムは1886年のコンバウン王朝の終焉にともなって失効したが，ビルマの僧院における理論的で世俗的な教育を奨励するために植民地時代の国民

---

10)　Festivals in Burma(Myanmar)-"Asian and African studies blog". Blogs.bl.uk. 2016.11.13 取得。

11)　Smith, Donald Eugene(2015). *Religion and Politics in Burma*. Princeton University Press. ISBN9781400878796.

12)　သာသနာရေးဦးစီးဌာနကျင်းပသည့် စာမေးပွဲများ"Department of Religious Affairs(in Burmese). Ministry of Religious Affairs. 2016.11.13 取得。

13)　Dhammasami, Khammai(2004). Between Idealism and Pragmatism: A Study of Monastic Education in Burma and Thailand from the Seventeenth Century to the Present. St Anne's College, Oxford University.

学校理事会により復活された。ビルマのサンガによる抵抗が数年続いたのち，1895 年 7 月に植民地統治下での最初の試験の導入に成功した。試験は毎年マンダレー，ラングーン，モールメンで実施された。合格者は *pathamagayaw* として認定される[14]。

　僧院試験は難易度に応じていくつかのグレードに分けられる。連続する試験に合格した僧侶はその次に高いレベルの試験を受ける権利を得る。僧院試験はミャンマー暦のナヨンの月に実施される。試験内容は仏教書（例，*Abhidhamma Pitaka, Vinaya, Sutta Pitaka*）に基づいている。記憶から文章を複製する問いや特定のテキストを分析する問い，パーリ語の文法を修正する問いなどが問われる[15]。

　見習いの僧侶（*samanera*）は 20 歳以下で，年齢を理由に完全な叙階は受けていない者が *Pathamanegyaw* 試験を受ける権利を得られる。この試験は見習いの僧侶が所属する僧院によって 10 月から 1 月の間に実施されるものである。試験全体は 3 つのグレードに分かれており，仏教聖典である *Vinaya* の知識の試験，パーリ語の文法，そしてジャカータ物語である。筆記および高等試験に合格するためには 5,000 ページ以上のテキストを記憶する必要があり，毎年の合格率は 13％を下回る。試験に合格した見習いの僧侶は僧侶の称号である "—alankara" を与えられ，これは僧侶の戒名の下につけられる[16]。

　最もレベルの低い試験である *Pathamabyan* 試験は，3 つの試験で構成されており，低い順から高い順に以下のようになっている：

Pathamange 試験

Pathamalat 試験

Pathamagyi 試験

Pathamagyi 試験で一番をとった受験者は *pathamagyaw* として知られる。

14)　Smith, Donald Eugene (2015). *Religion and Politics in Burma*. Princeton University Press. ISBN9781400878796.

15)　Johnston, William M. (2013). Encyclopedia of Monasticism. Routledge. ISBN 9781136787164.

16)　Thar, Hein. "The gruelling tests of a monk's knowledge". Frontier Myanmar. 2020.5.16 取得。

Dhammacariya 試験は中間レベルの試験である。この試験の受験者は *Pathamabyan* 試験の3つの試験すべてに合格する必要がある。この試験は6日間の基本テキストに関する試験，1日間のビルマ語テキストの試験，2日間のパーリ語テキストの試験からなる9日間にわたって実施される[17]。

合格者は "*Dhammacariya*"（パーリ語で "ダルマの教師" を意味する）の称号を与えられる[18]。

1948年より実施されている *Tipitakadhara* と *Tipitakakovida* 試験はビルマ政府によって実施されている最高レベルの試験である。これらの試験では，受験者はパーリ聖典全体と関連する注釈書，副次的な注釈書，研究論文などを機械的に記憶し理解していることを証明することを求められる[19]。口頭試験（*Tipitakadhara*）と筆記試験（*Tipitakakovida*）は毎年12月，ヤンゴンのカバーエーパゴダのマハーパサーナ洞窟で33日間にわたって実施される[20]。

試験は，受験者たちが240万語以上を正しい発音で流暢に暗唱し，記憶を頼りに200以上のテキストを書き起こす必要があるほど広範に及ぶ[21]。またこの試験は，受験者たちが自身の "教義的理解，テキストの識別，分類学的なグルーピング，比較哲学，仏教教義" の習得度を示すことを求めている[22]。

このような厳しい試験に最初に合格した受験者は，1954年の Mingun Sayadaw だった[23]。彼の間違いのない1万6,000ページに及ぶ回答はビルマ政府によって" *Mahatipitakadharatipitakakovida*"（"口語および文語の Tipitaka の偉

---

17) "Mhammacariya examination". Department of Religious Affairs. Ministry of Religious Affairs. 2016.11.14 取得。

18) Johnston, William M.(2013). Encyclopedia of Monasticism. Routledge. ISBN 9781136787164.

19) Aung Thein Nyunt. "A STUDY OF TIPITKADHARA SELECTION EXAMINATION IN MYANMAR(1948-2007)". The International Association of Theravada Buddhist Universities. 2006.11.13 取得。

20) Kawanani, Hiroko(2013). Renunciation and Empowerment of Buddhist Nuns in Myanmar-Burma: Building a Community of Female Faithful. BRILL. ISBN 978-9004234406.

21) "TIPITAKADHARA SAYADAWS OF MYANMAR(BURMA)IN FIVE DECADES". Nibbana. com. 2014-10-23. 2016.11.13 取得。

22) Kawanani, Hiroko(2013). Renunciation and Empowerment of Buddhist Nuns in Myanmar-Burma: Building a Community of Female Faithful. BRILL. ISBN 978-9004234406.

23) Harris, Jan(2007). Buddhism, Power and Political Order. Routledge. ISBN 9781134129478.

大なる使い手”）との称号を与えられた[24]。2020 年の時点で，口頭および筆記試験の両方に合格した僧侶はわずか 15 人だけであり，彼らはビルマ政府から "Sasana Azani"（パーリ語の Sasanajaneyya（“仏教教義の高貴な英雄”）に由来する）と認識されている[25]。

　合格者は自身のパフォーマンスに応じて，階位，旗竿，白いシルクの Kanekgadan 傘を与えられる[26]。

　マンダレーの州立パリヤッティササナ大学がスポンサーを務める Sakyasiha 試験やシュエダゴンパゴダの評議委員会がスポンサーを務める Cetiyangana 試験など，毎年開催される Dhammacariya 試験を実施している 2 つのビルマの僧院機関による私的な試験も存在する[27]。試験に合格した僧侶は僧院の称号である— bhivamsa（“高貴な血統”）の称号を与えられ，これは戒名の末尾に付けられる（例，Ashin Nandamalabhivamsa）[28]。

　僧侶の仏教聖典に関する知識や分析的思考を試すこれらの試験はミャンマーの仏教の平信徒により高く認識されており，2 段階で構成されるこの試験は，最初の段階を 27 歳までに合格し，その次の段階を 35 歳までに合格する必要がある[29]。

　後者の試験の合格者は Cetiyanagana Pariyatti Dhammacariya Canavacaka と Cetiyangana Abhivamsa の称号を与えられる。合格者は政府の Tipitakadhara と Tipitakavida 試験を受ける資格を与えられる[30]。

　Dhammacariya とそれより高いレベルの試験に合格した受験者は，下に記し

24)　Jordt. Ingrid (2014-07-31). Burma's Mass Lay Meditation Movement: Buddhism and the Cultural Construction of Power. Ohio University Press. ISBN 978-0-89680-457-9.

25)　"တိပိဋ္ဌကဓရ၊ တိပိဋ္ဌကကောဝိဒ စာမေးပွဲအောင်မြင်တတ်မှုကာြဖည့် သာသနာ့အာဇာနည် အရှင်သူမြတ် ၉၅ ပါးတို့အား အဆောင်လက်မှတ်ဘွဲ့တံဆိပ်တော် ဆက်ကပ်လှုဒါန်း» Ministry of Information (in Burmese). 2019-05-21. 2020.5.16 取得。および Department of Religious Affairs (in Burmese). 2020-01-29. 2020.5 取得。

26)　"တိပိဋ္ဌကဓရ ရွေးချယ်ရေးစာမေးပွဲ နိုင်ငံတော် သံဃာ့မဟာနာယကအဖွဲ့" (in Burmese). 2020.5.16 取得。

27)　Johnston, William M. (2013). Encyclopedia of Monasticism. Routledge. ISBN 9781136787164.

28)　Sayadaw U Pandita. "One Life's Journey". Vmc128.8m.com. 2016.11.14 取得。

29)　Thar, Hein. "The gruelling tests of a monk's knowledge". Frontier Myanmar. 2020.5.16 取得。

30)　"တိပိဋ္ဌကဓရ တိပိဋ္ဌကကောဝိဒ ရွေးချယ်ရေးစာမေးပွဲ (ရေးဖြေ) ကျင်းပနမူပုံ". Department of Religious Affairs (in Burmese). Ministry of Religious Affairs. 2016.11.13 取得。

た階位を与えられる（階位の高い順から）：

1. *Tipitakadhara* と *Tipitakavida* 試験の階位は[31]：*Dhammabhandagarika*（"ダルマの宝の保護者"）

   Maha Tipitakakovida（"（口語および文語の）Tipitaka の偉大なる担い手"）

   Abhidhammakovida（"文語の Tipitaka の使い手"）

   Tipitakadhara,（"口語の Tipitaka の使い手"）

   Abhidhammika

   Dghanikayakovida

   Dighabhanaka

   Vinayakovida

   Vinayadhara

2. *Dhammacariya* 試験の称号は[32]：*Dhammacariya Makutiramsi*

   Sasanadhajadhammacariya Abhidhamma Pali paragu

   Sasanadhajadhammacariya Dighanikaya Pali paragu

   Sasanadhajadhammacariya Vinaya Pali paragu

   Sasanadhaja Siripavaradhammacariya

   Sasanadhajadhammacariya

仏教はミャンマーの政治的発展に偉大な貢献をした。ミャンマーの国家主義は若者の仏教連合（YMBA）—YMCA をモデルとしている—から始まり，現在では国中に誕生し始めている。ミャンマーが独立を獲得したのち，文民政権は仏教を支援し，仏教モニュメントの保全や建築に莫大な資金を寄付した。加えて，政党のリーダーや国会議員たち，特にウー・ヌは仏教に影響を受けた法律を可決させた。彼は仏教を国教だと宣言し，それにより少数派グループ，特にカチン族が孤立することとなった。これによって，増加する民族反乱に参加するグ

31）　Harris, Jan(2007). Buddhism, Power and Political Order. Routledge. ISBN 9781134129478.

32）　"Dhammacariya examination" Department of Religious Affairs. Ministry of Religious Affairs. 2016.11.14 取得。

ループがもう一つ増えたことになる。現在の軍事政府は仏教を贔屓にしており，次のようなジョークが生まれている―"ミャンマーのテレビには2色しかない，緑と黄色だ"―これは画面を覆っている軍隊の緑の制服と僧侶の黄色の法衣もしくはパゴダの黄金色を説明している。

　シュエダゴンは地元の大規模な会議の場として使用されており，アウンサンと彼の娘であるアウンサンスーチーが有名なスピーチを行った場所でもある。1936年の2回目の大学ストライキもまたこの場所で開催された。アウンサンスーチーは国民民主連盟を率いるためにロンドンから戻ったが，1989年に自宅軟禁とされた。しかし，彼女は政治的なだけでなく敬虔な仏教徒であるため，彼女は社会参加型の仏教徒であると考えられる。

4　宗教文化省への政府の出資（予算配分）

表 1-1　宗教文化省への国家予算配分表

（MMK in Million）

会計年度	収入	支出	国際助成金
2017-2018	38,249.834	28,321.133	—
2018-2019	29,731.064	35,784.728	231,064
2019-2020	49,331.686	78,402.554	39,457.850
2020-2021	13,197.282	47,322.052	790,400

出典：毎年の国民予算[33]

会計年度2017-2018では，国民予算にはデータが存在しない。会計年度2018-2019に宗教文化庁（MoRAC）に配分された予算の割合は全予算の0.15％であり，配分された額よりも多くの支出がなされている。MoRACへの配分は会計年度2019-2020では全予算の0.20％で高く，MoRACにより提供された上記の会計年度中では国際助成金の額が最も多くなっている。

---

33)　Citizen's Budget 2017-2018 ; Citizen's Budget 2018-2019; Citizen's Budget 2019-2020 ; Citizen's Budget 2020-2021.

5　ミャンマーの人々はなぜ助けるのか

　他者を助けることは人道の一部であり，いかなる宗教が生み出されるよりも遥か昔から実践されてきた。これは仏教徒に限ったことでは決してないが，ミャンマーの多くの人々は宗教の名の下に助けるという行為に参加している。なぜなら，ミャンマーの人口の大多数が仏教徒であり，慈善活動は宗教的にも奨励されているからである。仏陀の前世の物語は，ジャカータ物語として知られているが，他者を助けるための自己犠牲の例が満載である。そのため多くの仏教徒が，僧侶も平信徒も同様に，それらをロールモデルとして捉えているのだ。西洋のスタイルや形式のソーシャルワークが生み出されるまで，ミャンマーの歴史上のあらゆるソーシャルワーク活動はパーリ語に由来し"他者の福祉"と翻訳される"パラヒタ (parahita)"という精神に基づいて行われており，ほとんどの人々はこれを一般的に，利他主義的に他者を助けるという概念として理解している。良い行いは実践者によって地域間で共有される可能性がある一方，ほとんどのパラヒタ活動は西洋スタイルのソーシャルワーク活動のように記録されることはない。なぜならこれらは元々は教義として発展させる目的のものであり，職業に変化させる意図はなかったからである。実際，これは生き方により近く，ミャンマーの人々はこの観点において非常に活動的である。ミャンマーは2014年から2019年まで，世界寄付指数で4年連続1位を取得しており（2018年のランキングでは9位），他者を助けることはミャンマーの社会機構の大きな部分を占めている。実践者のほとんどは仏教徒であるが，これは仏教徒の数が多いからであり，それぞれの信仰に応じて慈善活動に関して異なる概念を持っているキリスト教，イスラム教，ヒンドゥー教の仲間たちも同様の精神で類似した活動を行っている。

6　ソーシャルワークにおける仏僧の役割

　厳密にいうと，仏教僧はサンガの序列に属しており，俗世界には属していない。彼らの主な目的はサンガの序列をできるだけ長く維持することであり，自身やできるだけ多くの人々を精神的に解放することである。しかし，僧侶と平

信徒の間には，食料や法衣，薬やその他に宗教に関連した物資が必要な前者と，前者から精神的な指導や社会的な進言が必要な後者という共生関係が存在している。仏教の教えの主なゴールは精神的な解放であり，歴史的には，仏陀は自身の宗教グループメンバーにソーシャルワークに関わるようにあからさまな奨励は行わなかった。しかし，彼の教えの多くは平信徒の幸福を向上するという目的に特化したものであり，その代わり，僧侶にはより良い人生を送り正しい行いをする方法を教えてくれる仏教文学の専門家としての偉大な権威が与えられるのだ。

さらに，あらゆる社会で彼らの宗教的存在感が注目されているのと同様，仏教僧はミャンマーでは尊敬されており，こうした付随的な影響が僧侶たちに宗教的リーダーだけでなく人生の教師，カウンセラー，そしていくつかのケースでは社会紛争の判事としての役割も与えるのである。まとめると，僧侶はすべての地域ではないとしても，多くの地域においてコミュニティリーダーとなっているのである。それに加え，寄付（財源），ボランティア活動（マンパワー），個人的なネットワーク（社会，政治的な影響）を通して様々なリソースが集まっているため，僧院は宗教的活動の範囲外の様々なタスクを引き受けるその他の組織よりも整備が整っている。

ミャンマーでソーシャルワークに参加する仏教僧は，パラヒタの相手である平信徒のようにお互いに調整を行うが，活動を合理化することはない。海外旅行を通して国際的な価値観に触れることや他のグループによるベストプラクティスなどは，彼らの組織的活動をより効率的，効果的にするが，彼らのほとんどは個人で活動しており，組織的な記憶が個人間ではやり取りされない。僧侶のほとんどが環境的ニーズに従うため，彼らの活動は様々に異なる。例えば，発展途上地域では僧侶は宗教教育を与える前にリテラシー，ヘルスケア，栄養などを優先させねばならない。特別な状況では，自然災害の場合などでは，僧院は大規模な集団を匿うことができることから，緊急シェルターとしての役割を果たす。村にある多くの僧院は高地に建てられているが，これは僧院が神聖だと考えられており，洪水の際に役立つからである。いくつかの僧院は災害や

戦争で両親を失った子どもたちのために意図せず難民キャンプとなった。意図的に子ども，特に，武装民族集団に徴兵されることを避けるために遠く離れた僧院へ若い男児を送る親もいる。

7　現在のミャンマーのソーシャルワークの生態系

　伝統的に，ソーシャルワークは慈善活動であり，メリットを生み出す活動の一部として認識されていた。線引きが不明瞭なため，パラヒタをソーシャルワークか宗教活動のどちらかに分類するのは難しいだろう。ターニングポイントは 2008 年のサイクロンナルギスの余波だと考えられる。当時の軍事政権が災害の被害を受けた人々への支援に完全に失敗したことにより，国中で多数の地元ボランティアであるパラヒタグループが立ち上がった。人々がこのような状況で権威に依存することはできず，お互いに助け合うしかないのだと悟ったためパラヒタの精神が再び隆盛し，さらなる盛り上がりを見せたのである。現在，ミャンマー国内には様々なタイプの活発なパラヒタグループが存在している。そのほとんどは地元で結成され，無料でサービスを提供している。最も有名なソーシャルサービスは葬儀のサポート，健康サポート（救急車サービスが最も一般的），特権のない人々への教育や高齢者や貧しい人々への住居の提供である。

　伝統的な慈善活動とより現代的なパラヒタ活動の大きな違いは，前者により提供される支援は最も立場の弱い孤児，高齢者，病気の人々，災害や戦争の被害者に届けられるのに対し，後者は差別なく皆を助けるところである。慈善活動のモチベーションは宗教に根ざしているが，人々は現代のパラヒタ活動を，明確な宗教的含意のない社会活動として捉えている。様々な信仰を持つ人々が横一線でパラヒタ活動を組織し，支援し，活動に参加している。伝統的そして現代的なバージョンの社会／慈善活動はともに，無料でのサービス提供という原則を共有している。創設者は大抵，自己資金で新しいパラヒタグループやプロジェクトを立ち上げている。実際に，もしくはそのように見られるだけであっても，人々に良い仕事をしていると認められると，資金は舞い込んでくる。説明責任能力とプロフェッショナリズムは必ずしも最も重要な素質ではない。

多くのパラヒタ活動はコミュニティから前向きに受け止められ，サービスの質に関する苦情はほとんど聞かれることはない。しかし，これらのグループの長期的な持続可能性はまだ観察すべき点である。パラヒタ活動は自給自足の原則のもとに設立されているわけでないため，彼らの存続は完全に寄付に依存している。寄付の認識も同様に変化している。先の世代の誕生日や記念日など特別な状況のために利益を生み出すことは，僧侶への寄付を意味している。今日，多くの人々が様々な宗教活動だけでなくパラヒタ活動を行ったりサービスを提供している人々に対して寄付先を多様化しており，たとえ彼らが同じ信仰に属していないとしても，良い評価を受けていれば寄付を行うのだ。そのため，人々の寄付や利益創出に対する認識の変化はミャンマーのパラヒタグループの存続に重要なものであったといえる。

8　現代のソーシャルワークへの仏教僧の関与

　ミャンマーの仏教僧はソーシャルサービスの提供者としての長い伝統を守っている。コミュニティ内で最も資源に富む場所であることの多い僧院という権威のもとでコミュニティリーダーとなることは，僧侶たちが訓練を受けていないような多くの状況にも彼らを巻き込むことを意味する。しかし多くの僧侶たちは公平な量以上に様々な活動を行っている。なぜなら彼らは他の人々を精神的，そしてそれ以外にも救うことが自身の役目だと信じているからだ。僧侶としての人生の一部としてソーシャルワークを行う者もいれば，教育，ヘルスケア，孤児院，または彼らが暮らすコミュニティのニーズに最も役立つ他のサービスのような特定の目的やプログラムに身を捧げる者もいる。

8.1　教　育

　19世紀に植民地時代のイギリスがミャンマーに到達する以前は，仏教僧院が唯一の教育提供機関だった。彼らのカリキュラムは仏教文学が中心で，生徒たちが優秀な仏教学者になるようにデザインされていた。しかし，彼らは僧侶になることを望まず世俗的な生活を送ると決めた人々にも基本的なリテラシー

を提供していた。封建時代のミャンマーで成功した学者の多くは僧院に入り，多くの僧侶たちが有名な作家や詩人として名をつらねた。植民地時代には多くの社会経済的な変化が起こり，イギリスによって我々が知っているような現代的な学校の教育システムが導入された。20世紀初頭に反植民地化運動が起こった際，僧院学校への興味や人気が再燃した。ミャンマーの国家主義者たちは，イギリスにより提供された教育は，植民地の人々の発展を制限するために特別にデザインされており，質が劣っていると判断した。僧院に基づいた学校は国の学校として再建され，ミャンマーの古典文学や現代の学術的カリキュラムを混合して教育が行われた。僧院学校のカリキュラムは，時代のニーズに応じて時を経て変化しているが，仏教僧院はミャンマーにおける教育の伝統の中心となり続けている。

　今日，僧院学校は僧侶と平信徒の両方のための様々な種類のカリキュラムを提供している。仏教文学にだけ特化した僧院がある。政府の認可を受けた試験は毎年実施され，仏教研究の証書やディプロマが授与される。僧院学校の中には国の学術カリキュラムに従うところもある。これらは政府によって運営される学校や営利事業を行う私的団体と並行している。こうした学校は政府による支援を受けた教育の質や学校へのアクセスが不十分な地域で機会が制限されている人々を主なターゲットにしている。いくつかの地域では，政府の学校は存在すらしない。問題を解決しているわけではないが，基本的なリテラシーの授業やボランティア教師の状況に応じて英会話，コンピュータースキルなどその他の個人の発展のための授業を提供する僧院もある。民族地域にある僧院学校の中には，国のカリキュラムに含まれない当該民族の言語の授業を提供するところもある。これらの学校は，独自の民族アイデンティティを保護し拡散しようと努める民族による文化的組織と協力関係にある。

8.2　ヘルスケアサービス

　宗教的な視点から見ると，仏教僧は仏陀により医療を実践することを禁止されている。仏陀は，自身の弟子が説教する以外の方法で他者への影響を及ぼす

ことを意図していなかったからである。しかしながらヘルスケアを提供するサービスの組織は制限の範囲外である。健康はすべての人の生活の重要な部分であり，僧侶は信者たちの幸福を気に掛けるコミュニティリーダーであるため，何らかの形で健康問題に関係するサービスに関わることは避けられないのである。ミャンマーの仏教僧は健康セクターにおいては教育セクターと同様の伝統や権威を持っていないかもしれないが，多くの病院プロジェクトや健康プログラムが現在，高僧たちによって開始され，運営されている。

8.3　山岳地域における仏教の実践

主な例：Sitagu Sayardaw プロジェクト

　チン州からシャン山脈にかけての山岳地域では，イギリスによってキリスト教に改宗させられた人々に仏教を広めるために仏教僧たちが派遣されている。僧侶の宗教的キャリアの一部は，高等仏教教育プログラムに応募したり，より都市部で僧侶になったりする資格を取るためのプログラムに参加することである。彼らの多くが田園地域にとどまって一生を終える。山岳地域の仏教僧にとっての論理的なアプローチモデルは，まず地元の人々と交流し，彼らの社会経済的ニーズを調整することだ。仏教の教育はその後に発生し，これによって彼らは配置された土地での滞在中に意図せずしてソーシャルワーカーとなるのである。

8.4　その他の社会開発プログラム

　ミャンマーでは近年，数名の仏教僧が遺棄された高齢者や貧しい人々に住宅やシェルターを提供し始めた。この社会プログラムは高齢者のためのキリスト教施設にインスピレーションを得ているが，高齢者と貧困者のための仏教徒のシェルターは非常に素早く有名になった。

主な例：タンリンのタバワダルマ

　　仏教僧の中にはコミュニティのニーズに基づいて，他の場所に展開する意

図を持たずに地元でプログラムを組織し運営する者もいる。例えば，フットボールゲームの形をした若者の開発プログラムがある。毎年 40 の参加チームが戦うフットボールリーグへと発展したこのプログラムは非常に良い評判を集めている。このプログラムの責任者である僧侶は，プログラムを始めた当初に目的としていなかったことと，特にコマーシャルセクターからの不要な注目を集めるのを避けるため，名前を知られないように努めている。同時に，いくつかの仏教寺院はアドホック的な緊急シェルターや人工的な災害や自然災害時に避難するための場所としての役割を果たしている。戦争が始まった際に仏教寺院は難民コロニーとなるだけでなく，今日のように感染症拡大の最中に従来の病院が満床となった時，彼らは緊急病院を設置するための場所や資源を提供している。

第5章　ミャンマーにおける仏教と社会福祉的活動

山口　光治

はじめに

　筆者は，淑徳大学アジア国際社会福祉研究所が中心となって取り組む研究の一環で，アジアの各国，特に仏教を主な宗教とする国々における「仏教とソーシャルワークに関する研究」に加わることになった。そして，対象国としてミャンマー連邦共和国（以下，「ミャンマー」という）を担当することとなった。ミャンマーについては基礎知識もなく，もちろん訪れたこともない国である。知っていることといえば，第二次世界大戦で日本軍が侵攻したこと，その際に泰緬鉄道を捕虜によって敷いたこと，映画『ビルマの竪琴』，軍事政権，アウンサンスーチー女史の程度であり，改めて歴史と現状を学びなおす機会となった。

　研究課題は，ミャンマーにおける仏教とソーシャルワークに関する実践の現状を把握することである。そのため，2度ほど訪緬し，現地のNGO：Network Activities Group CEO の Bobby 氏の協力のもと，彼へのインタビュー，何カ所かの僧院視察と僧侶へのインタビュー等を行った。ほんのわずかな現地訪問とそれを補うための先行研究の調査，そしてそれらの考察を通して本章を執筆していることをはじめに断っておきたい。したがって，ミャンマーという国を精通して書いているのではなく，わずかな一面を見て語っているのであり，限られた体験に基づく随筆でしかない。しかしながら，訪問をして僧院における社会福祉的活動（ここでは，「社会福祉活動」や「ソーシャルワーク」と断定することを避け「社会福祉的活動」と表現する）を見学し，僧侶の話を伺うという直接的な体験のなかで感じ，考えることも多く，またいくつかの疑問も湧いてきた。特に大きな疑問，それは，なぜ僧侶あるいは僧院が社会福祉的活動を行うのか，そして，それはソーシャルワークなのか，というものである。

　それらの疑問を出発点に，わが国の大乗仏教とは異なる上座部仏教国である
ミャンマーにおいて，僧院や僧侶が在家者である住民に対して行われている社
会福祉的活動について訪ね歩き，見て，聞き，考えたことを記していくことに
する。

　なお，本章において僧侶とは上座部仏教における出家者（比丘）を指す。

1　ミャンマーについて

　ミャンマーは，東南アジアの西に位置し，インド，バングラデシュ，中国，
ラオス，タイと国境を接している。首都は，2006年10月にヤンゴンから遷都
したネーピードーである。日本国外務省「ミャンマー連邦共和国基礎データ」
によると，国土の面積は日本の約1.8倍の68万平方キロメートル，人口は
5,141万人（2014年9月ミャンマー入国管理・人口省発表），民族はビルマ族が約
70％の他，多くの少数民族によって構成され，宗教は仏教が90％，その他に
キリスト教，イスラム教等であることが記されている。

　ミャンマーの仏教は，上座部仏教と呼ばれその歴史は古く，ビルマ族による
統一が行われ1044年にパガン王朝が成立するが，それ以前の紀元前2世紀か
ら紀元9世紀ごろまで栄えたといわれるピュー王国の遺跡「ピュー古代都市群」
（2014年世界遺産登録）のなかにも仏塔や寺院があり，仏教が興隆していたこと
がわかる。王朝時代以降は，第二次世界大戦前のイギリスの植民地時代，日本
軍による軍政期，大戦後のイギリス植民地時代，そして，1948年のイギリス
から独立した「ビルマ連邦」時代があり，1962年にビルマ式社会主義による
時代となるが1988年崩壊し国軍による軍事政権が成立，2011年に民政移管，
2016年新政権発足という歴史を歩んできている。そのような国の歴史のなか
で，仏教は時に受容され国教として保護される時代もあったが，一方で民族自
立運動や反政府運動などに加わった僧侶が逮捕，拘束されることなどもあり今
日に至っている。僧侶が社会活動に関与し行動する「社会参加仏教（Engaged
Buddhism）」の実践もみられる。

　ミャンマーにおいては，僧侶や僧院，サンガによる社会福祉的な活動が行わ
れており，いくつかの実践の場を訪ねる機会を得た。

2　ミャンマーにおける仏教による社会福祉的活動実践

　2回の訪緬の際に見学した記録をもとに，仏教による社会福祉的活動に関する事例を紹介する。

2.1　Sitagu 国際仏教アカデミー（2016年3月22日訪問）

　本部が Sagaing（サガン）にある The Sitagu International Buddhist Academy の支部を訪問した。ヤンゴン郊外にある 300 人規模の大学で，ここでは地元の学生が仏教を学んでいる。訪問した時は春休みで学生はいなかったが，校内を見学させていただいた。

　ホームページによると，The Sitagu International Buddhist Academy は，①自己啓発による個人の福祉および知識（attatthacariya）の醸成のために努める，②親族，友人，および仲間（natatthacariya）の福祉のために努力する，③レース，教義，国籍またはジェンダー（lokatthacariya）を問わずすべての人々の福祉のために努力することを目的としている。そして，アカデミーキャンパスとして教室や図書館，ホールが設けられ，教員養成プログラムとディプロマプログラムと学位プログラムが設置されている。3年制の大学で，プラス1年で修士課程がある。

2.2　Monastic Education Development Group（MEDG）ヤンゴン支部
　　　（2016年3月23日訪問）

　訪問時，責任者が不在であったので，説明は本部から教師のトレーニングに来た職員より受けた。

　MEDG は教育を受けられない貧しい子どもたちに教育を提供している。この活動では，オーストラリアと英国の財団から資金提供を受けている。創設者の U Notya Ka（ウナガヤ）は，一人の僧侶として Mondalay の本部にいる。現在は，ミャンマー全土で 450 余りの学校数へと拡がった。その理由は，僧侶の学校を始めた人がウさんを訪ね，教えを請うたことで全国に拡がったという。この取り組みは仏教の教義に基づいて行われている。授業料を払えずに教育を

受けられない子どもがいること，教える先生たちが地方にはいないので教育が十分行われていないことから始めた。

　活動の中心は，小学校の教育であり加えて職業教育，道徳教育，子どもの人権，子どものスポーツ，ディベートプログラムなどを提供している。教育を受けている子どもは，孤児，2008年のサイクロン被害にあって親のない子ども，障がいのある子ども，少数民族の子どもなどで，家から通う子どもと家のない子どもは寮で生活して学んでいる。この学校では，幼児から高校へ行くまで支援する特別の部局がある。また，次のような特別クラスがある。①NTTC(New Teacher Training Centre)：教師になるためのトレーニング。②優秀な子どもが海外の大学へ留学するためのプログラム。英語のプログラムをとると政府の資格を得られる。このプログラムには外国（主にオーストラリア）からの講師も加わっている。③FT：英語のプログラム。④その他のプログラム。

　オーストラリアの財団から支援を受け，西洋スタイルの教育を行っている。仏教ゆえに取り組んでいることは，日曜学校で仏教の教えを希望者に説いている。また，2017年から仏教に基づいた道徳を教え始める。仏教者が運営する学校の具体的な特色は，どの学校でも祈りの機会があることや，瞑想のクラスがあること，道徳教育で仏教のことを教えることである。Monastic schoolというと，僧侶の養成校として使われるが，同じ言葉だがここでは貧しい子どものための学校のことを指していると説明された。

2.3　Pann Pyo Let Monastic Education School (2016年8月30日訪問)

　バゴー（Bag）管区の僧院にある Pann Pyo Let Monastic Education School へ訪問し，Dr. Ashin Pyin Nyaw Bha Tha から説明を聞く。

【Pann Pyo Let について】

　400人の子どもたちが近郊の村から通っている。小・中学校と，診療所，瞑想センターと瞑想者のための宿泊所を併設。さらに林業復興のために80エーカーの畑・果樹園を運営している。Dr. Ashin はまた，都会（ヤンゴン）に住む

人々を週末ステイしてメディテーションの機会を提供する事業も考えている。Dr. Ashin は火・木・金曜日は寄進者対応で忙しいという。この施設の運営費用（食費・給与・光熱費で毎月 1,500 万チャット）は国内からの寄付・寄進で賄っており，協力してくれる寄進者らは自分たちの寄付行為がこの施設にどのように役立っているのか確認できるようにしている（たとえば施設内でランチの給仕を手伝ったり施設見学など）。「現在，外国人には寄付を求めていない」（Dr. Ashin）とのことであった。

写真 5-1　Pann Pyo Let の小学校における英語クラス

【創設者 Dr. Ashin 氏について】

　Dr. Ashin は，1965 年 6 月 17 日，インド人（ヒンドゥ教徒）の父と地元の村出身の母との間に生まれた。小さいときから本をよく読み，特に尊敬する人たちの自伝を多く読んでいた。1975 年に出家，勉強を続けながら 1988 年から高校生を教えていた。1998 年の大規模なデモがきっかけで学校を始めた。そのなかで子どもたちの親，家族についてもどうすればいいだろうかと考えるようになった。1995 年ヤンゴンの仏教大学に合格したものの「英語を勉強し世界とつながりたい，この地域を良くしたい」という思いから 1998 年インドに行くことを決意，2011 年までインドの New Nalanda University で仏教の勉強・研究をした。ミャンマーにおける，生まれてから死ぬまでの仏教儀式についてまとめた論文 "Buddhist on Socio-religious life in Myanmar" で Ph.D を取得した。2004 年にこの僧院にきて Pann Pyo Let を創設した。「一番貧しい子ど

写真 5-2　創設者 Dr.Ashin Pyin Nyaw Bha Tha 氏

もたちを預かっている。なかでも家族の養育が困難な子どもたち20人がこの僧院で生活している。自宅で朝ごはんを食べずに登校する子どもたちもいる。ここでは寄進された金品でランチを子どもたちに提供している。『給仕された給食をお皿に残さない』『ごみは決められた場所に捨てる』など，子どもたちには規律を守ることの大切さを教えている。」と Dr.Ashin は言う。「良い国を作るために最も大切なことは，子どもたちに幼い頃から規律を守ることの大切さを教えること」と話した。敷地内にはアウン・サン将軍の写真，胸像が展示されたコテージがあった。

Q：活動を始めた理由と仏教のどのような教えに基づいている活動なのか

　例えば，ミャンマーは独立後50年以上たって無計画な伐採で林業がなくなってしまった。自然や様々な資源も豊かな国だったのに。独立直後，自然資源も乏しく何もなかったシンガポールが発展したことに比べてみても「なぜミャンマーは発展しなかったのか」と考えてしまう。シンガポールはルールや規律遵守を徹底したから発展したのだ。ミャンマーは政治・経済が良くないから人々によるパラヒタの活動に頼らざるを得ない。権力を取るための政治，ただ反対するだけの政治ではなく，国民の教育・生活・経済を良い状態にするという理想を考えていかなくてはならない。『根』から考えなくてはならない。ミャンマーは今ただ援助だけに頼って生きている。自分自身は政治をしたくはない。規則を守らなければ良い国は作れない。良い国を作るためには教育が最も

重要。そして良いリーダーが必要である。次の世代を育てたい。持続可能な開発（sustainable development）が重要。この国は人が上にあって法律（law）が下にある 。

Q：parahita について。いわゆる「社会福祉／ソーシャルワーク」活動をミャンマーでは「parahita」と呼ぶと通訳らから聞いた。またその語源はパーリ語だとも聞いた。僧侶の活動は parahita か？

パーリ語からきている「parahita」は para（みんな）hita（いいこと）の意味。parahita とは，「自分を見ないで他人（皆）の幸せなことをすること」「生きとし生けるもののために良いことをすること」またそのときに「相手に期待せずにやってあげること」の意味。相手に期待することは「経済活動」であり，自分の利益を期待することにつながる。仏陀こそ世界で最も「parahita」の実践をした人だと思う。私は仏陀がやっているから「parahita」をやる。皆が困っているのに安穏と修行はできない。

parahita（福祉活動）とタータナー（修行）は両立している。誰かのために，社会の幸せのための活動である「parahita」だが，政府がやってくれれば私がやる必要はない。

Q：ミャンマーにおける僧院の parahita 活動について

ミャンマーには 50 万人の僧侶が加入している Association of Buddhist がある。僧侶の活動について 3 分類できる。①タータナーをやる人。これはたくさんいる。②出家しタータナーを教えている人。そして③ parahita 活動をしながら夜にタータナーしている人もいる。私は③だ。

以前に CSO（Civil Society Organization）と政府のミャンマー民族紛争解決のための会議があり僧侶代表として参加した。オーストラリアの記者から「洪水被害の原因は？」と質問されたので「仏陀の教えを守らないからだ」と応えた。仏教で木を大事にする理由は「全てのライフサイクルに木が関わっているからだ。仏陀が悟りを開いたのは菩提樹の下だ。仏教徒が植樹，木を大切にするのは当然のこと。無計画な伐採で林業が廃れ，自然災害が増えている。洪水もその一つだ。

　1962 年以降社会主義時代に 9 つのグループが組織された。現在，僧院が運営する教育機関（monastery educational school）は全国に 1,500 くらいある。いずれも政府（Ministry of Religious Affair）の許可をもらい証明書を持って教育を実施している。これらを SEMES（Social Engaged Monastery Educational School）と呼んでいる。Dr. Ashin は，Central Promotion of Educational School のリダーもしており，外国への留学支援や外国から人を呼んだりしている。

Q：Dr.Ashin の parahita 活動について。この教育施設以外にされている活動を教えてほしい。

　① 刑務所から釈放された政治犯への精神的な支え・サポート

　② 僧・尼僧の外国留学支援・人材育成

　③ 若者のリーダーシップ・トレーニング

　④ 孤児・家庭養育困難な児童 20 人のドミトリー

　⑤ 80 歳以上の高齢者への医薬品提供

　⑥ ミャンマー・グリーン・ディプロマ（オーガニック栽培の推進）

　さらに，新しい政権になり，この国が良くなるための活動が必要だと思っていると話す。

2.4　Thabarwa Tayar Yeik Thar Than Lyin（2016 年 8 月 31 日訪問）

【Thabarwa Centre について】

　もともと瞑想センターであった。2008 年の台風被害により家族がいない被災者支援のため敷地内に住居を作り提供したことが事業のきっかけである。現在までに 2,000 人以上の家族，述べ 20,000 人以上を支援してきたという。施設のなかには病院，修行している人々のコテージ，ボランティアの生活するコテージの他に，施設拡張中に捕獲された動物（熊，蛇，ウサギ等）を保護しているケージ，被災者住宅が点在している。

　訪問時 3 棟のコテージを新設中。すべてお布施により建築され，完成次第現行のコテージで生活している人々をそこへ移す予定である。

　困っている人に土地をあげ働き，瞑想する場を提供している。他の瞑想セン

写真5-3　Thabarwa Centre の高齢者向け医療施設

ターとは異なり病気の人も，終末期の患者も他宗教信仰者もすべて受け入れている。瞑想することが入居の条件である。

　施設内を案内してくれた Mr. Maung Oo 氏は日本に10年住んでいたが，祖国のために何かできることはないかと思って帰国した。現在ヤンゴンで仕事をしながら Thabarwa Centre でボランティアをしている，という。

　最高齢（102歳）の女性が生活するコテージは7名がベッドで生活していた。3名のボランティアが交代して介護している。訪問時にいたボランティアは20代くらいの女性で3カ月の介護技術コースを履修した。「お年寄りが好きでお世話をしたかった」と話していた。

　週4日ヤンゴンからドクターがクリニックに回診に来てくれる。ミャンマーの民間療法，韓国・漢方の療法も実施しているとの説明があった。

　動ける者は瞑想用のスペースで瞑想するが，動けないものはベッドの上で瞑想している。

　2007年ヤンゴンの混乱時に80人の僧侶を助けた。2009年引き取り手のいない患者が来た。しかし当時は瞑想センターだけで他の建物は何もなかった 。その後，尼僧300人以上，高齢者800人以上，700人以上の引き取り手のいな

い病気の人を看てきた。ここでは，僧院が，住む場所がない人，病院から治療を終えて行き場のない人，道端で行き倒れている人，高齢者，精神疾患患者などを受け入れて，土地を使わせたり，施設に住まわせたりしている。また，病院もあり治療も受けられる。費用は無料で，食事も提供している。自分を頼ってくる様々な人を助けている。

【Sayadaw（長老）の Ashin Ottamasara 氏について】

　ヤンゴン大学を出て 29 歳まで企業で働いていた。ビジネスができれば満足できると思っていたが満足できなかった。何か必要なことがあるのではないかと考えていた。また，健康な時には，病気になったら薬で治せると思っていたが，肺の病気は治せなかった。頼ることができないとわかってきた。教育を受けても頼ることができない，ビジネスをしていても頼ることができない，健康についても頼ることができない。そこで瞑想センターへ行くようになった。

　人間は自分のために瞑想する。相手のためにダーナ（布施）することが大事である。しかし，修行者はみんなのために parahita をやらなければならないと痛感した。困っている人が来たら，集めた寄付をみんなのために使う。地域

写真 5-4　Ashin Ottamasara 氏と助言を求める人々

で助けてくれる人がいなくても，ここではお互いに助け合う。手助けというダーナ，お金のダーナ，薬のダーナなど。つまり，自分でやるダーナ，相手にもダーナ，誰でも支えればダーナをもらえる。誰でもできること。ダーナとは「わかる人が教えること」「もらった人が何もない人に与えること」である。ダーナは「いいことをしていることを助ける」ことで映画やサッカーと同じようにやっている人たちを応援して寄付しているのと同じこと。

　2007年に林のなかで瞑想センターを始め，2008年に初めてここを開所した。初めの5年間はここで暮らす人が多く，やってあげる人が少なかった。その後，ジャーナリストが自由にここについて書けるようになり，インターネットによりここを知る人が多くなった。2014年9月からはテレビ局が取材に来たり，フェイスブックなどにより情報を発信し，このセンターに何が必要で，どんな活動をしているのかを伝えている。

　ここは自由でルールはない。自分の言動が相手にも迷惑をかけない，害を与えない（ティラ）ように実践することでダーナになれる。功徳のためにあげることがダーナ。良いことをすれば必ず戻ってくる。相手を困らせると，同じように自分も困る。

　ここに来る人は，ティラを守っていない。ダーナも。ここでは，ティラ，ダーナ，バワナー（瞑想）を行い，気持ちをコントロールできるようになってもらいたい。

3　インタビュー内容からの考察

3.1　僧院の機能からみた社会福祉的実践

　わずか4カ所の訪問であったが，その取り組みは次のように整理できる。

　Sitagu国際仏教アカデミーでは，僧侶の養成教育が主ではあるが，自利利他含めて人々の福祉のために努めることを目指しており，次代を担う福祉を理解した僧侶を育てている。Monastic Education Development Group（MEDG）では，教育を受けることが経済的に難しい子どもたちのために小学校等の教育を提供している。Pann Pyo Let Monastic Education Schoolでは，子どもの教

育，政治犯のメンタルケア，貧しい人々の生活支援，医師の往診，薬の提供，
軍事政権下で減少した林業（それによって洪水の被害が拡大している）の再生，オ
ーガニック栽培の普及について取り組んでいる。Thabarwa Tayar Yeik Thar
Than Lyin では，住む場所がない人，病院から治療を終えて行き場のない人，
道端で行き倒れている人，高齢者，精神疾患患者などを受け入れて，土地を使
わせたり，施設に住まわせたりしている。病院にて治療も行っている。

　タイ仏教研究者の石井米雄は，『上座部仏教の政治社会学』(1975) のなかで，
タイの僧侶であるパエットピックの整理した地域における僧院の 11 の機能を
紹介している（石井，1975：52）。その機能は，①学校，②貧困者福祉施設，③
病院，④旅行者の宿泊所，⑤社交機関，⑥娯楽場（祭りなど），⑦簡易裁判所，
⑧芸術的創造と保存の場，⑨共有財産の倉庫，⑩行政機関の補助施設，⑪儀礼
執行の場である。今回訪問した僧院の実践はそのなかにある学校，貧困者福祉
施設，病院の3つが該当する。この機能分類がなされた時代と今日では社会情
勢が変わり，都市化と家族構造の変化などにより，新たに高齢者や精神障害者
などの養護の問題などが顕在化しており，その社会的ニーズに応えるべく僧院
や僧侶が実践しているように感じた。つまり，社会の変化と相まって，僧院の
機能も変化していると言える。

3.2　社会福祉的実践を行う理由として考えられること

　いずれの実践も仏教の教えに基づいていることは大前提として，ミャンマー
という国の政治や社会変動，ヤンゴンなどの都市化や市場経済の進展に伴って
起きている社会問題に対して，救済のための実践に取り組んでいるように理解
できる。もちろん，その背景には行政による社会福祉サービスが不十分なこと，
軍政時代が長かったために海外の NGO や市民活動としての NPO が制限され，
育ってこなかったことも影響していることが考えられる。

　そのために，地域に根付いて運営されている僧院は，在家者である住民が困
窮し，福祉的ニーズが膨大になってきている現状を放置できずに対処してきて
いるものと推測できる。Dr. Ashin 氏が話してくれた「皆が困っているのに安

穏と修行はできない」を思い出す。長老が話していたように，相手のためにダーナすることをやらなければいけない，parahita：他者のために見返りを求めず，みんなの良いこと，生き物すべてを含めて良いことを行う活動に取り組むこと，が仏教の教えにつながることなのである。時折，インタビューのなかで聞くパラヒタという言葉は，いわゆる「ソーシャルワーク」活動を意味する言葉として，仏教用語のパーリ語からミャンマーの言葉として定着しているように理解できた。

4　なぜ僧院・僧侶は社会福祉的活動を行うのか

4.1　僧侶と在家者との関係

　ここでは，先に述べた具体的な実践からではなく，もう少し俯瞰した上座部仏教の立場から僧侶が社会福祉的活動を行う意味について考えてみることにする。

　上座部仏教は大乗仏教と異なり，外の力に頼らずに自らの力で道を切り開いていくという点に特徴がある。仏陀の入滅後，早い時期にその教えが記述されたとする，原始経典（ニカーヤ）の『ダンマパダ』（法句経）の160偈には，「おのれこそ おのれのよるべ おのれを措きて 誰によるべぞ よくととのえし おのれにこそ まことえがたき よるべをぞ獲ん」（友松，1985：111）とあり，このことが示されている。僧侶は，出家しているので，生産活動に関わらず，在家者の布施に依存して僧院において修行生活を送る。つまり，律を厳守し瞑想や経典について学ぶ。

　ここで重要なのは，僧侶と在家者との関係である。根本敬は，上座部仏教の出家者と信徒間に「宗教的互恵関係が見られる」ことを指摘している（根本，2010：20）。以下に，引用する。

　「出家者は第一義的には自分の救いのために修行に励むのであるが，同時に自分が修行に励むことによって，自分に喜捨をする在家信徒が功徳を積む機会を提供することになる。さらに，出家者は在家信徒に向けて自分の修行の成果を示す一環である説法を行い，在家信徒のほうは，尊敬する僧侶の説法を聞く

ばかりでなく，個人的に生活上や人生上の悩みを聞いてもらい，宗教的アドバイスをもらう。こうして，両者の関係は実に密なものとなる。通常はここまでだが，社会が戦争や内乱，悪政などのために不安定となり，政治や経済が混乱を極め，在家信徒の生活状況が悪化すると，出家者も安心して修行に励むことができなくなる。そのような状況下では，出家者は在家者を保護すべく，政治的行動を展開することもある。」

　上座部仏教は自力救済を目指すものといわれるが，僧侶と在家者である住民とは切り離すことができない強い関係が基盤にあり，このことが僧侶の活動の1つである社会福祉的活動を行う理由にあるのではないだろうか。

4.2　僧侶の3つのタイプ

　ミャンマーの上座部仏教に詳しい藏本龍介は，僧侶が「福田」としての宗教的役割を基礎として，先行研究をもとに3つのタイプに役割を整理している（藏本，2019：99-100）。

　一つは，「村・町の僧」として村落や町などの在家者の近くに居住し，仏典学習を中心とした生活をして，儀礼・教育・説法などの社会的サービスを行う役割である。このなかに社会福祉的な活動も含まれ，地域社会を支える存在である。2つには，「森の僧」という役割で，在家者の居住空間から数キロ離れた森に住み，瞑想や頭蛇行などの体験的修行に専念する僧侶であり，「聖人」としてパワーを分け与えることを期待される。3つには，「政治僧」という役割である。

　この3つのタイプのうち，仏教とソーシャルワークの視点から注目したいのは「村・町の僧」である。藏本はこの「村・町の僧」を，現代的展開として「都市の僧」と言い換え，その実態を2つのサービスに分けて紹介している（藏本，019：104-110）。

　まず，「仏教的サービス」として，瞑想指導と教義解説を挙げている。これは文字通り，瞑想センター等において瞑想方法を指導すること，そして，仏教の教義をわかりやすく解説するサービスである。テレビ放送を通して説法に触

れることができるし，訪問した長老 Ashin Ottamasara 氏の説法は，インターネットを通じて世界中で拝聴することができる。このような瞑想指導と教義解説を通して，仏教の幸福を普及させているといえる。もう一つは，「世俗的サービス」として，現世利益的サービスと社会福祉的サービスとに区分されている。現世利益的サービスには，予言や夢などの解釈，占星術，錬金術，民間医療などが挙げられており，これらの伝承に僧侶が関わってきている。社会福祉的サービスには，様々な社会問題から発生する社会福祉的なニーズに対応しようとするものであり，本章で取り上げた僧院や僧侶の実践が該当する。

　この世俗的サービスの社会福祉的サービスこそ，本章でいうところの社会福祉的活動であり，仏教とソーシャルワークの重要な接点となるものであろう。

おわりに

　ミャンマーで NGO 活動に取り組む Bobby 氏や Dr. Ashin Pyin Nyaw Bha Tha 氏らのインタビューのなかで，福祉活動を指す用語としてパラヒタ（parahita）という言葉をよく聞いた。パーリ語辞典（水野，1975：173）で調べると，parahita はパーリ語で「利他」を意味する。つまり，parahita とは，利他のための活動，すなわち社会・福祉活動と理解できる。利他行ともいえよう。その反意語である自利は attanhita という。

　Bobby 氏に，なぜ parahita をするのか質問した際に，良いことをすると来世のためになること，自分が何かしてあげることもあれば自分がしてもらうこともあるとの説明があった。また，parahita とソーシャルワークの違いについては，parahita は純粋に人を助けたいという思いで行われ，小さいレベルで小さな関わりであること，インフォーマルなつながりやボランティアであること，特定のものにフォーカスして助け合い，支え合うことができること，一般的な幅広い生活をサポートすることができる個人でも施設でも関心があることであれば関与できること，マルチで関わることができることなどを挙げていた。一方のソーシャルワークについては，有給のスタッフであり，ニーズは何か，何が必要かを考えた活動であること，寄付者の趣旨によって活動を行うこ

と，その介入で住民が変容するなどの成果を期待するものであることを挙げていた。あくまでも Bobby 氏の個人的な見解かもしれないが，自身が僧侶でも在家者でもない立場から NGO 活動に取り組むがゆえに感じることと推測する。

　最後に，僧侶が行う社会福祉的活動はソーシャルワークなのか。この問いは，ミャンマーのみならず，他国も含めての包括的な研究を進めながら明らかにしていくテーマであり，さらなる研究の深化を必要としている。

謝　辞

　訪緬に際しては，現地 NGO の Bobby 氏とそのスタッフの多大なるご協力をいただいた。彼らがいなければ現地調査を実施することができなかった。この場をお借りして御礼申し上げたい。

　また，1 回目の訪問には淑徳大学アジア国際社会福祉研究所の秋元樹所長に，2 度目の訪問の際には同研究所の松尾加奈先生にご同行いただいた。不慣れな筆者に対して，訪問調査の的確な助言と通訳，そして，本章を執筆するのに大いに役立った報告書の作成に関してもお世話になった。厚く感謝申し上げたい。

【引用文献】

石井米雄(1975)『上座部仏教の政治社会学』創文社

藏本龍介(2019)「第 2 章 関与と逃避の狭間で―ミャンマーにおける出家者の開発実践の変遷と行方」石森大知・丹羽典生編『宗教と開発の人類学―グローバル化するポスト世俗主義と開発言説』春風社，pp.97-130

水野弘元(1975)『パーリ語辞典(二訂版)』春秋社

根本敬(2010)「ビルマの仏教と政治―その歴史的背景」守屋友江編訳『世界人権問題叢書 ビルマ仏教徒　民主化蜂起の背景と弾圧の記録 軍事政権下の非暴力抵抗』明石書店，pp.15-26

日本国外務省(2018)ミャンマー連邦共和国基礎データ(令和元年 5 月 9 日)
　URL: https://www.mofa.go.jp/mofaj/area/myanmar/data.html#section1(2019.8.18 日取得)

SITAGU INTERNATIONAL BUDDHIST ACADEMY(2019)　URL:http://www.myanmarnet.net/nibbana/stacdamy.htm　(2019.8.18 取得)

友松圓諦(1985)『法句経』講談社学術文庫

【参考文献】

秋葉敏夫(2015)「ミャンマーの保健医療分野における課題と展望─最近 5 年間(2009-2014 年)の観察から」『九州保健福祉大学研究紀要』16. pp.1-7

井上ウィマラ・天野和公・八坂和子・一条真也(2014)『ミャンマー仏教を語る─世界平和パゴダの可能性』現代書林

藏本龍介(2015)「第 11 章 ミャンマーの社会参加仏教─出家者の活動に注目して」櫻井義秀・外川昌彦・矢野秀武編著『現代宗教文化研究叢書 5 アジアの社会参加仏教─政教関係の視座から』北海道大学出版会, pp.263-272

藏本龍介(2014)『世俗を生きる出家者たち─上座仏教徒社会ミャンマーにおける出家生活の民族誌』法蔵館

栗田充治(2001)「ミャンマーの社会福祉の現状と NGO 活動─2001 年 2 月訪問調査報告」『亜細亜大学学術文化紀要』pp.209-219

松林公蔵・赤松功博・和田泰三他(2007)「福祉ホーム入居高齢者の日常生活機能, うつと QOL─ミャンマーの宗教系ホームと日本の養護老人ホームにおける比較検討」『東南アジア研究』45 巻 3 号, pp.480-494

日本社会事業大学　社会事業研究所(2007)『2006 年度国際比較研究報告書　ミャンマーにおける社会福祉サービスの現状』

西堀由里子(2010)「ミャンマー上座仏教社会における僧侶の社会・福祉活動─国際NGO との共同事業を事例として」『東京外国語大学大学院 言語・地域文化研究』16 号, pp189-201.

西澤卓美(2014)『仏教先進国ミャンマーのマインドフルネス─日本人出家比丘が見た, ミャンマーの日常と信仰』サンガ

櫻井義秀・外川昌彦・矢野秀武編著(2015)『アジアの社会参加仏教─政教関係の視座から』北海道大学出版会

清水和樹(1998)「海外レポート ミャンマーの初等教育事情 限界近づく住民支援, 寺院が支え」『季刊福祉労働』第 81 号, pp.116-120

髙橋昭雄(2005)「ビルマ(ミャンマー)の山村経済と資源活用」『千葉大学 公共研究』第 2 巻第 1 号, pp.23-32

谷勝英(2001)「ミャンマーの児童労働と社会福祉(その 4)─社会福祉政策と社会福祉活動」『東北福祉大学研究紀要』第 26 巻. pp.31-48

土佐桂子(2013)「ジェンダーの視点から見たミャンマーの民主化プロセス」『ジェンダー史学』第 9 号, pp.23-38

山路憲夫(2019)「ミャンマーの医療・介護・福祉事情」『社会保険旬報』No. 2746, pp.12-20

第6章　ミャンマーにおける仏教と "social work"：叢書プロジェクトの歩みとこれからへの期待

淑徳大学アジア国際社会福祉研究所

松尾　加奈

はじめに

　ミャンマーにおける仏教ソーシャルワーク（Buddhist Social Work）が日本国内で発表されることに深い感慨を覚えている。本書では，ミャンマー国内のNGO の活動家や大学でのソーシャルワーク教員というミャンマー連邦共和国の人々自身による仏教ソーシャルワークの活動の記録である。日本語によるミャンマーのソーシャルワークに関する記述は，山名田（2016：78）によるアジア各国のソーシャルワーク比較以外ほとんど存在していないことを考えると，これは日本国内では類を見ない貴重な社会福祉学の資料となる。

　ここに至るまでに多くの紆余曲折があった。2015 年 10 月に始まった仏教ソーシャルワークを探る旅は，アジア各国の研究者，僧侶，実践者たちが，自身それぞれの国内での社会救済活動（カッコつきの「ソーシャルワーク」について仏教の関わる事例を収集し，それぞれの国のソーシャルワーク教育に資することを目的とした。このプロジェクトが始まった時からミャンマーは参加していた。

　野心的な本プロジェクトに参加を快諾してくれたミャンマー連邦共和国のボビー（Bobby）氏とチョー・シッ・ナイン（Kyaw Sit Naing）氏，そしてチョー氏と共に執筆を担当したイ・イ・ビュー（Ei Ei Phyu）女史，サー・ウーセン（Sao Ohn Hseng）氏，またタマサート大学デチャ・サングクワン博士（Dr. Decha Sangkwan）に心より感謝申し上げる。

1　仏教ソーシャルワーク研究の中でのミャンマー叢書プロジェクトの位置づけ

　本プロジェクトの萌芽は文部科学省の助成を受ける以前からあった。

　2014 年に IASSW/IFSW が共同採択した「ソーシャルワーク専門職のグローバル定義」に先立つ 2011 年，東京で開催された APASWE アジア太平洋ソーシャルワーク会議（APC21）の会場で，ベトナム人研究者やスリランカからの研究者たちから「ソーシャルワークとは何か？それは西欧の思想的背景を持っており，我々の持つ仏教的思想とは異なるものである」「仏教では 2000 年前からソーシャルワークは行われている」という発言があった。仏教とソーシャルワークをつなげるだけではなく仏教ソーシャルワークという新しい枠組みでソーシャルワークを議論するという試みは，アジアに伝播したソーシャルワーク教育以前に各地に存在していた社会的救済活動の事例を収集するという調査研究プロジェクトにつながった。

　いうまでもなく，第二次世界大戦中，日本軍はミャンマーで戦った。イギリスから独立した時代のミャンマー人指導者たちに対する日本軍の影響は大きかった。しかし第二次世界大戦以降，日本でクローズアップされたのは，① 1988 年の僧侶による民主化運動デモ，② 1991 年のアウンサンスーチーのノーベル平和賞受賞，③ 2010 年以降の軍事政権から文民政治への移行，④ 2016 年以降のロヒンギャ難民が置かれている厳しい状況，と大きく 4 つのフェーズに区分できる。日本のマスメディアでは，ミャンマーの不安定な社会情勢に偏った報道がなされており，近年になってようやく経済協力，技能実習生のような人材交流に関する記述がみられるようになったが，まだ日本人にとって「遠い国」の一つであるといってもいいだろう。

　2010 年までの軍事政権下のミャンマーは「世界でも最も抑圧された国の一つ（Bobby, 2015：92）であった。本章は，仏教ソーシャルワーク研究におけるミャンマーの成果と，ミャンマーにおけるソーシャルワーク及びソーシャルワーク教育の現状報告をつなぐ役割を持つ。5 年の間に現地協力者と連絡が途絶えることが一度ならずあり，すでに刊行された書籍の構成と一部異なるところ

もあるがご了承いただきたい。

2　ボビーの貢献と「旅」の始まり

　2015 年度淑徳大学アジア仏教社会福祉学術センター（Asian Center for Social Work Research（ACSWR），Shukutoku University）とアジア太平洋ソーシャルワーク教育学校連盟（APASWE）共同プロジェクトである「アジアにおける仏教 "ソーシャルワーク" 活動 5 か国調査（Buddhist "Social Work" Activities in Asia)」から，ミャンマーの貢献は始まった。NGO のスタッフであるボビー氏は，「ミャンマー仏教における僧侶・尼僧たちの活動とソーシャルワーク "The Role of Myanmar Buddhist Monks and Nuns in Social Work"」（Bobby, 2015）で，3 つの事例を紹介しながらミャンマー国内の事例を報告した。このレポートは，2015 年秋に日本で開催された第 1 回国際学術フォーラム「ミャンマーのソーシャルワークにおける仏教僧・尼僧の役割（The Role of Myanmar Buddhist Monks and Nuns of Myanmar Buddhist Monks and Nuns in Social Work)」の報告の土台をなすものである。

　2016 年 8 月，淑徳大学チームはボビーのコーディネーションのもとでヤンゴン管区・バゴー管区の僧院における社会救済活動を視察することができた。2016 年 3 月にアウンサンスーチーと側近のティン・チョウ氏が新政権を樹立した直後であり，ミャンマー国内で新政権による民主化と国民和解への機運が高まっている時期の訪問であった。

　2017 年 3 月，ボビーは淑徳大学アジア国際社会福祉研究所第 2 回国際学術フォーラム "How is Asian Buddhism involved in People's Life?" に参加し，現代でもミャンマー社会に深く浸透している「パラヒタ（Parahita）」の理念をベースにおいた「ミャンマーにおける仏教ソーシャルワークのモデル（A Model of Buddhist Social Work in Myanmar)」を発表した。パラヒタ（Parahita）とは，ミャンマー仏教の教えに基づく人々の喜捨（寄付）行為全般を表すものである。

　2018 年 8 月 25 日，ラカイン州北部の連続襲撃事件から 700 万人以上のロヒ

ンギャ難民がバングラデシュに流出するなど，情勢が不安定になった上に，残念ながら2018年以降ボビー氏が病気療養のため音信が途絶えてしまった。Bobby氏自身はムスリムであると言及しているため，情勢不安定の中での研究遂行が難しいと判断した淑徳大学チームは，ヤンゴン大学のソーシャルワーク教育カリキュラム支援に関与しているタイ・タマサート大学に在籍し，またアジア太平洋ソーシャルワーク教育学校連盟（APASWE）理事や書記を歴任していたデチャ・サングクワン博士に新たな研究者とのコネクションの再構築を依頼した。チョー氏はアメリカ・コロンビア大学でソーシャルワークの修士号を取得，ミャンマー国内でのソーシャルワーク活動や教育に従事している。チョー氏には，非常にタイトな執筆スケジュールにも関わらず第1章の執筆を快諾していただき心より感謝申し上げる。また仏教ソーシャルワーク研究に宗教を越えて情熱をもって続けてくれたボビー氏にも尊敬を込めて感謝申し上げたい。

　本章は，欧米でソーシャルワークを学んだ研究者・教育者や，国際機関によるカリキュラム開発によりソーシャルワークのオリジンを欧米とする様々な教材を使った教育に偏りがちなアジア地域のソーシャルワークについて，アジアにルーツをおく仏教の信者・僧侶・僧院・尼僧たちによる社会救済活動（social work）の事例を収集することにより，仏教ソーシャルワークという新しい視点でソーシャルワークの議論をするものである。本章は，日本人チーム（淑徳大学アジア国際社会福祉研究所）がミャンマー連邦共和国で見た事例を整理した山口の論考と，ミャンマー人によるミャンマーのソーシャルワーク教育をつなぐ役割を果たしている。ミャンマーのサンガ政策と仏教普及事業に関する日本の研究者の報告をもとに，仏教ソーシャルワークを探求するミャンマーの旅を振り返りたい。

3　日本人研究者がみたミャンマー仏教と社会 (レビュー)

　第二次世界大戦下の日本軍進攻と戦闘に触れた書籍は日本語でも多く出版されているものの，独立後のミャンマーのソーシャルワークに着目した文献は少

ない（山名田, 2016）。2020 年 12 月 23 日時点において, 日本最大の論文文献検索サイト CiNii（https://cir.nii.ac.jp/）で検索したところ,「ミャンマー」というキーワードでは 4,827 件の論文がヒットした。参考までに, ミャンマーの隣国「バングラデシュ」では 2,801 件であったことを見ると, 突出して少ないということでもない。

　また,「ミャンマー」と「ソーシャルワーク」をキーワードに掛け合わせてみたところヒット数は 0 件,「福祉（Fukushi）」では 42 件がヒットし, 保健医療の現状報告や支援活動報告, ミャンマー出身の技能実習生などの文献が多く, 仏教寺院の社会救済活動に関する記述は 3 件であり, 1954 年に始まった日本の二国間経済協力は軍事政権下も続いていたものの日本国内のミャンマーの福祉（ソーシャルワーク）への関心は低いと言わざるを得ない。

　一方で, 比較人類学や比較文化学, 地政学研究者による, 上記キーワードを使わない仏教寺院の社会救済活動に関する論文には, 2016 年日本チームがヤンゴン管区・バゴー管区で見聞した事例の文脈を説明する文献が存在する。

　ミン（Myint）（1995）は,「仏教はその伝来以来文化的にも, 生活様式や考え方, 社会との関係と切り離すことができないものであり, ミャンマー人の精神性に深く仏教の教えが根付いている」と述べる（Myint, 1995：74）。仏教が社会に深く根ざし, 人口の 90％が仏教徒のミャンマーは,「宗教」と「民族」は表裏一体の関係である（土佐, 2012）。しかし非仏教徒の少数民族の反対が根強く, 1961 年仏教国教化宣言は失敗した。当時のウー・ヌ（U Nu）政権はその後クーデターで政権を追われ, 次のネーウィン政権は, 仏教を重視する政策を取りつつも政教分離の方針をとっていた（土佐, 2012：201）。

　しかし, 土佐（2012）も, 西堀（2010：191）や Bobby（2015：95）も, イギリス統治下のビルマ（当時）において僧侶のウー・ヴィサラやウー・オッタマ, 元僧侶のサヤ・サンが非暴力運動や独立運動に関わったと指摘している。土佐は,「在家の生活苦」と「サンガ（仏教）への暴行事件」が要求の核になっていたことが, ミャンマー仏教の中枢をなす教学系僧院で学んだ僧侶たちにとって

そのネットワークを使ってミャンマー国内に抗議運動を展開するに十分な理由
であったと述べる（土佐，2012：219）。

　ミャンマーは多民族国家である。大多数を占めるビルマ族は人口の約70％
とはいえ，シャン，カチン，ラカイン，カヤー，カインやモンといった135の
異なる民族で構成されている（Bobby, 2015：92）。また，ミャンマー国内には全
国に様々な宗派（gaing, nikaya）が存在していたため全国統一のサンガ組織化が
難しかったという指摘もある（小島，2005：104）。

　土佐（2012：227）は，ミャンマーの宗教政策は「政教分離政策」と「仏教優
遇政策」というベクトルと，サンガの「守護」と「統制」というベクトルの均
衡を縫いながら行われていたと指摘している。ボビーは，昔の僧侶たちは，主
に森の中で功徳を積むために時間を費やし，コミュニティを組織し，社会資源
を活用しながらコミュニティが直面する問題を解決し，回復力をもち，自立し
たコミュニティを構築する最善の方法を理解していた，という。一方，最近
の僧侶の傾向として高学歴で，町・首都近郊に住んでおり，地方のいわばサー
ビスが行き届かないコミュニティの苦しみについての理解は限られてしまう
（Bobby, 2015：107）。これが土佐の指摘する在家とサンガの分離を進めたミャ
ンマーの宗教政策によるものといえるだろう。

4　ミャンマー仏教と社会救済活動 (social work)

　2007年のミャンマーで起こった大規模な民主化運動デモに仏教僧が関わっ
たことについて，日本のある仏教僧は，政治的な意図はないだろうと推測して
いた（加藤，2007）。しかし上述したように，ミャンマーにおいて仏教と政治は
日本以上に密接な関わりを持ってきた。また，ミャンマーの軍事政権はサンガ
組織ネットワークを活用し全国のサンガ（仏僧）統制を進めたが，もともとサ
ンガは仏教を繁栄させるための「タータナー・ピュー（Thathana pyu）」を事
業として進めている（土佐，2015）。ミャンマーにおける仏教布教は，国内統治，

民族融和や平和構築という重要な役割を果たしており，さらに教育や社会開発にも深く関わってきたという言及もある（土佐，2012; 土佐，2015）。特に教育は多くの僧侶が関わっている。Bobby（2015）は以下のように述べている。

　植民地時代以前から，修道院は教育において重要な役割を担ってきた。1997 年の推計によると，ミャンマーには 51,322 の僧院があり，106,903 人の僧侶，167,562 人の出家僧侶，239,341 人は修道僧が生活している。これらには 24,043 人の尼僧が含まれる。今日まで，僧院学校（monastic school）や教育機関は，政府支配地域における国営教育システムへアクセスできない人々との格差を埋めるための最も重要な市民社会組織であった。

　なお，2013 〜 14 年度には，1,500 以上の修道院があり，26 万 3,996 人の生徒が学んでいる。そのうち，小・中・高校生はそれぞれ 70.5％，29.4％，0.1％である（Myanmar national EFA Review Report, 2014）（Bobby，2015：97）。

　2016 年に淑徳大学チームが訪問した僧院も，学校を開設していた。創設者の僧侶は「国の基盤を作るのは教育である」と話していた。

　なお仏教ソーシャルワークについて，Bobby は 2015 年の報告書で 3 つの事例を挙げている。事例 1 はタマニア・ササドゥ（Thamanya Sayadaw）である。ボビーはパゴダ建設で人々が僧院の土地に集まったのは人々の元の居住地にはない "Awarness and modernity"（p.101）に着目している。土佐もタマニア・サヤドゥの活動と，カリスマ僧没後の宗教用地に関する研究を報告していることは興味深い（土佐，2007；土佐，2015；Tosa, 2009）。事例 2 はアシン・ニャニサラ師（Dr. Ashin Nyanissara）のディータグ・サラドゥ（英語名ティータグ・国際仏教伝導道協会（SIBMA，2020）についてである。1937 年生まれのニャニサラ師は仏教布教活動，仏教教学院の設立，水供給システム（water supply system）施設の建設，アメリカ国内へのティータグ仏教ビハーラ・センターや瞑想センターの設立，近代的な設備が整った病院設立，サイクロン・ナルギス（Cyclone Nargis）

被災者への大規模な支援活動などを展開してきた（pp.102-104）。事例3は，1868年生まれのドーウーズン（Daw Oo Zun）というシルク商人の女性仏教信者が，クリスチャンの経営する施設をみて感銘を受け，1919年にミャンマーで初めて高齢者の施設ミンゴン仏教高齢者施設協会を設立したという事例である（pp.104-106）。ボビーの報告にある社会的救済活動事例は，カリスマ的な人物の存在が描かれている。また僧侶の活動については，仏教布教活動の一環としての活動がその土地の人々の生活状況の改善に貢献したことや，キリスト教布教活動では表裏一体となる社会貢献に触発された活動（事例3）の報告は，仏教ソーシャルワーク研究ネットワークの他の国々でも同様に見られる。

5　われわれが知りえたこと，知りえなかったこと：ミャンマーの　　ソーシャルワーク研究・教育へのメッセージ

　この原稿は2020年に書いている。2016年のヤンゴン訪問から4年が過ぎてしまった。この間，ロヒンギャ難民の置かれている非常に厳しい状況が国際的に報道され，アウンサンスーチーへの国際的な評価も変わった。我々が訪問した2016年，ヤンゴンの人々からは，新しい政権への期待と，多民族で構成されている国の人々の統合（integration）に期待する声を聞いた。その一方で，仏教徒によるムスリムへの批判の声も聞いた。本章では，ミャンマーにおける仏教ソーシャルワーク研究を再スタートするにあたって，ミャンマー仏教と社会に着目し，仏教ソーシャルワークの事例について外国人（日本人）の目で象った。

　日本国内にある文献では，上座仏教の僧院の役割やサンガのネットワーク，宗教用地や僧侶の個人的な活動の記録から社会的救済活動の事例を収集することはできた。しかし，ソーシャルワークの視点での文献はなく，日本の社会福祉研究で取り上げられる広義の福祉，狭義の福祉の整理もなされていない。仏教による社会的救済活動と宗教実践の整理も明確になされていない。一部は社会参加型仏教との共通点が見られる。この影響を受けたか否かについても今後の調査が必要だろう。

　ミャンマー社会は，非常に多くの民族によって上座部仏教の信仰の様々な宗派があり，さらに非仏教信徒の少数民族との調和と軋轢が繰り返された長い歴史があり，仏教と社会の関係性も複雑である。民族と宗教の多様性尊重に舵を切れば，ミャンマー仏教と社会の均衡を保つのは難しくなり，解決困難な課題がクローズアップされることになる。

　ミャンマー仏教ソーシャルワーク研究，さらにはミャンマーにおけるソーシャルワーク研究は，ミャンマーの研究者たちの手に委ね，ミャンマーと日本という国境を越え「ソーシャルワークとは何か」を議論していくことを楽しみにしている。

参考文献

SIBMA (2020) Sitagu International Buddhist Missionary Association (SIBMA). Available at: https://thesitagu.org/#.(2020.12.23 取得)

Bobby (2015) The Role of Myanmar Budhist Monks and Nuns in Social Work. In: Kikuchi Y (ed.) *Buddhist "Social Work" Activities in Asia*. Chiba: Asian Center for Social Work Research (ACSWR), Shukutoku University, 91-108

Myint K. (1995)「ミャンマー社会の紹介」『北方圏生活福祉研究所年報』75-78

Tosa K. (2009) The cult of Thamanya Sayadaw: the social dynamism of a formulating pilgrimage site. *Asian Ethnology*: 239-264

加藤精一(2007) *Vol.9* ミャンマーの現状に思う／豊山派の主張／真言宗豊山派. Available at: http://www.buzan.or.jp/index-02-4_9.html.(2020.12.23 取得)

小島敬裕(2005)「ミャンマー連邦サンガ組織基本規則」『東南アジア―歴史と文化―』2005: 103-127

西堀由里子(2010)「ミャンマー上座仏教社会における僧侶の社会・福祉活動：国際NGO との協同事業を事例として」『言語・地域文化研究』(*Language, area and culture studies*) 189-201

土佐桂子(2007)「宗教用地における居住民の世帯戦略―カリスマ僧没後の変化を中心に」『東南アジア研究』45: 428-449

土佐桂子(2012)「第6章　ミャンマー軍政下の宗教―サンガ政策と新しい仏教の動き」『アジ研選書　ミャンマー政治の実像―軍政 23 年の功罪と新政権のゆくえ』201-233.

土佐桂子(2015)「布教としてのパゴダ建立と『仏教繁栄』事業―ミャンマーにおけるタータナー・ピュ実践」『東南アジア研究』53: 137-164

山名田静(2016)「『第三世界』のソーシャルワーカーに関する研究(レビュー)─東南ア
　ジア，特にフィリピンにおける歴史的変遷に焦点をあてて」『北星学園大学大学院
　論集』69-90

執筆・研究協力者一覧

Bobby
ミャンマー。ネットワークアクティビティグループ　代表取締役（2016年9月時点）

Kyaw Sit Naing
ミャンマー。ヤンゴン大学，心理学部　客員教授

Ei Ei Phu
ミャンマー。GIZ コンサルタント

Sao Ohn Hseng
ミャンマー。フリーランス

Koji Yamaguchi
日本。淑徳大学　教授／学長

Kana Matsuo
日本。淑徳大学，アジア国際社会福祉研究所　上座研究員／准教授

研究地におけるインタビューの協力者リスト
Dr. Ashin Pyin Nyaw Bha Tha
ミャンマー。バゴ，パンフォーレット僧院教育

Sayadaw Ashin Ottamasara
ミャンマー。ヤンゴン，タバワ タヤール ヤイク タール タンリン

Mr. Myo Khin
ミャンマー。ヤンゴン，ローカルリソースセンター

Thant Zin Pho
ミャンマー。ヤンゴン，ネットワークアクティビティグループオフィス

資料

PARAHITA（パラヒタ）：ミャンマーの仏教ソーシャルワークのモデル [1]

Bobby, Network Activities Group—Myanmar

近すぎて見えない

パラヒタ（PARAHITA）

・社会文化システムにしっかりと根付いている

・誕生時から埋め込まれている

・全ての宗教や民族に浸透している

・何世代にもわたって受け継がれている

・必要な時にいつでも立ち上がる

・承認が不要で，活動は集団決定である

1. 仏教ソーシャルワーク（BSW）の概念はミャンマーではパラヒタ（PARAHITA）と名付けられ，幅広く使われている。これは文字通り"見返りを求めることのない他者の福祉"を意味する。我々の社会文化にしっかりと根付いており，おそらく僧院が始まった頃から，何世代にもわたって受け継がれ，仏教徒や非仏教徒から受け入れられており，要求されればいつでも必要とする人を助ける準備ができている。ミャンマーは3年連続で世界寄付指数の1位となっているが，これは我々が裕福だからではなく，パラヒタ（パラヒタ）が我々の血に流れているからである。

---

1) 本テキストはBobbyによる"第2回仏教ソーシャルワークに関する国際学術フォーラムのまとめ"（淑徳大学，日本，2017.3.22）に基づく。松尾により編集された。

仏教ソーシャルワーク
- ・ミャンマーの文脈における仏教ソーシャルワークは文字通り "見返りを求めることのない他者の福祉" を意味する "PARAHITA" を広く受け入れている。
- ・これは特別な活動ではなく，必要な人を助ける日常ルーティンである。

　ミャンマーは3年連続で世界寄付指数の1位となっているが，これは我々が裕福だからではなく，PARAHITA が我々の地に流れているからである。
　ミャンマーの国民の91%が昨年慈善活動に寄付をしており，62%が面識のない人を助け，55%はボランティアを行ったと答えた（Charities Aid Foundation World Giving Index）。

2.　BSW と西洋の専門職ソーシャルワーク（WPSW）にはいくつかの類似点がある一方，相違点も存在する。BSW の本来の概念は僧侶による仏教の教えに由来しており，WPSW は慈善活動として始まり，西洋から持ち込まれた。BSW は，有機的に需要を満たすあらゆる種類の苦しみに焦点をあて，

BSW と WPSW の違い

特徴	BSW	WPSW
元の概念	仏教―僧院を通して	西洋の慈善活動から導入
焦点	あらゆる種類の苦しみ／需要主導	問題に基づく／寄付者主導
目的	苦しみからの救済	定められたアウトプット／目的／影響
ターゲット	柔軟なターゲティング	厳格なターゲティング
提供メカニズム	非公式で単純な短期間の参加	公式で複雑，組織化された長期的な参加
資金収集	非公式ネットワークにおける内部からの資金	外部および寄付に依存している
参加	興味がある人は誰でも（包括的）	スキルのある人々（排他的）
情熱	誕生時から植えつけられている	トレーニングを通して得られる

WPSW は問題（テーマ別，地理的）の方により焦点を当てており，しばしば寄付者が主導で行う。BSW は非常に包括的で柔軟なターゲティングを採用している一方，WPSW はより特定的なターゲットで，非常に排他的である。BSW の提供メカニズムはしばしば非公式な構造で，単純なシステムであり，短期的な参加となることが多いが，WPSW はより公式な構造を持ち，複雑なシステムで組織化されている場合が多く，短期，中期，長期間の参加となる。BSW の資金は常に非公式ネットワーク内の個人によるものであり，WPSW は大部分を寄付者に依存している。参加に関しては，BSW は興味がある人皆に開かれているが，WPSW はスキルと知識を要求する。BSW の関心と情熱は何世代にもわたって醸成されたものだが，WPSW は認知向上，キャパシティビルディングやトレーニングを通して獲得されたものである。

政府が主導するソーシャルワーク

・1950 年社会保障法とともに 1950 年代からスタートした
　（植民地時代に端を発する）
・関連する法律は
　・障害者雇用法
　・児童法
　・最低賃金法
　・年金法
　・災害管理法案および議事規則
　・農民保護法
　・保険法

　　　政府が主導するソーシャルワーク
　　　ソーシャルワークに関連するサービス

　　　・高齢者年金 (政府, 雇用者, 80 歳以上の人々)

　　　・食料配布 (ターゲットがいる)

　　　・母子への現金送金 (ターゲットがいる)

　　　・仕事のための食料 / 現金

　　　・災害対応

　　　・普遍的な初等教育

　　　・プライマリ・ヘルス・ケア

　　　・孤児院

　　　・高齢者施設

　　　・若者と女性のための職業訓練センター

　　　・障がい者 / 盲人 / 聾者のための学校

3.　　ミャンマーではソーシャルワークは社会福祉・救済復興省の担当である。
　　植民地規制制度に基づき, 最初の社会保障法が 1950 年に承認され, ソーシ
　　ャルワークに関する様々な法律がある。例えば障害者雇用法, 児童法, 最低
　　賃金法, 年金法, 災害管理法案および議事規則, 農民保護法, 保険法である。
　　現在政府により提供されるソーシャルワーク・サービスには, 年金 (政府の
　　雇用者), 食料配布および仕事のための食料 / 現金 (食料が不足している地域を
　　対象), プライマリ・ヘルス・ケア教育, 高齢者や孤児のための施設, 立場
　　の弱い人々 (障がい者, 盲人, 聾者) のための学校, 若者と女性のための職業
　　訓練などが含まれている。

> **BSW は必要か？**
> ・BSW はソーシャルワークに大きく貢献している
> ・政府のシステムには弱点がいくつかある：
> 　・対応範囲
> 　・ニーズのミスマッチ
> 　・効果と効率
> 　・限られた予算と人的資源
> 　・時間のかかる提供メカニズム
>
> ・BSW の強み—パラヒタ
> 　・素早い対応
> 　・ギャップを埋めることができる
> 　・マッチングが必要
> 　・予算に制限がない（信頼が得られる限り）
> 　・再生が簡単

4. 　パラヒタを実践している人々やグループが存在し，慈善活動（短期間）に
焦点を当てている者や，孤児院，高齢者施設，僧院教育（政府の教育システム
を使用しているもの），職業訓練，プライマリ・ヘルス・ケア，水や衛生，環
境など，政府が実施するソーシャルワークのギャップを埋めることに焦点を
当てている者がいる。ミャンマーにおける人々のパラヒタに関する認識は彼
らの活動であり，素早く即時的で，ニーズを満たし，一度に資源を移動させ
ることができ，政府が指導するソーシャルワークや非政府組織によるソーシ
ャルワークの架け橋となる。

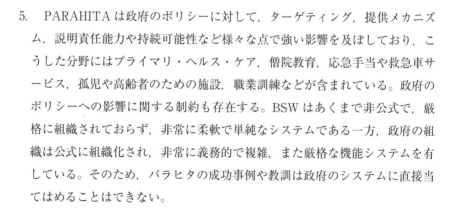

BSW は政府のポリシーに影響を与えるのか？
・BSW はすでにいくつかの政府のポリシーに影響を
　及ぼしている。
　・僧院教育
　・救急車サービス
　・高齢者施設
　・職業訓練

主な制約
政府のポリシーや法律は西洋の公式で組織化された厳
格なシステムを支持している一方，BSW は非公式で，
あまり厳格でない柔軟なシステムを支持している。

5.　PARAHITA は政府のポリシーに対して，ターゲティング，提供メカニズ
　ム，説明責任能力や持続可能性など様々な点で強い影響を及ぼしており，こ
　うした分野にはプライマリ・ヘルス・ケア，僧院教育，応急手当や救急車サ
　ービス，孤児や高齢者のための施設，職業訓練などが含まれている。政府の
　ポリシーへの影響に関する制約も存在する。BSW はあくまで非公式で，厳
　格に組織されておらず，非常に柔軟で単純なシステムである一方，政府の組
　織は公式に組織化され，非常に義務的で複雑，また厳格な機能システムを有
　している。そのため，パラヒタの成功事例や教訓は政府のシステムに直接当
　てはめることはできない。

> **BSW の進化過程**
> ・仏教から派生した
> ・かつては僧院によって大規模に実施されていた
> ・次第に社会全体に浸透した
> ・宗教や民族に関わらず誰でも受け入れる
> ・CSO によって幅広く使用されている
> ・西洋の専門職ソーシャルワークと対立する概念がいくつか
> 　ある
> ・現在まで，BSW と WPSW は協力して活動してきた
> ・WPSW はより大きな支持を得ているが，BSW はいまだに
> 　社会システムに強力に根付いている。

6.　ミャンマーの PARAHITA は仏教に基づき，当初は僧侶によって実践され，次第に社会の大部分へ浸透していき，宗教や民族や社会的階級に関わらず社会全体に受け入れられた概念となった。平信徒は他者を助けるために PARAHITA の概念を幅広く使用し，彼らの活動は市民の真のニーズを満たすと同時に実行される。WPSW との概念の衝突も見られるが，これは WPSW が公式で支払いを受けるスタッフによって構成されており，ビジョンや義務が厳格であり，寄付者に依存している。ミャンマーの BSW と WPSW にはいくつかのシナジーが存在し，類似点や相違点に関わらず，手と手を取り合い，様々な課題に協力して取り組んでいる。

「第2部　ミャンマー」あとがき

「国を創るのは子どもたちだ。子どもたちへの教育は国を創る礎になる」

2016年8月に訪問したバゴーの僧院でのアシン師の真剣なまなざしが忘れられない。出会った人々は，新しい軍政権から文民政権に移行したばかりの当時，「自分たちの国の歩みはこれからである」と将来を語っていた。

ミャンマー国民にはムスリムもクリスチャンも少数ながら存在している。しかし多民族国家のミャンマー社会を理解するとき，仏教信仰は深く人々の生活に根付いており，横軸のように人々をつなげていることを忘れてはならない。

2017年にARIISWが提唱し発足した「仏教ソーシャルワーク研究ネットワーク」に，ミャンマーから参加したボビーは，パラヒタという仏教用語と，ソーシャルワーク専門職教育が十分に行き届いていないミャンマーの現代社会において，人々の自発的な相互助け合いや寄付行為が根強く残っている様子を語った。実際，ARIISWチームが訪れたミャンマーの旧首都ヤンゴンでは，大きなパゴダに人々が集い，祈り，寄付（献金）をしていた。また，少数民族が刻むバラエティ豊かな仏像が展示されている寺院は，多民族国家ミャンマーが民族の枠を超えて仏教信仰でつながっていこうという決意を，訪れる者に強く印象付ける施設であった。

紆余曲折した執筆活動

2018年7月18日，ボビーからのメールはいつもと変わらず，「別のプロジェクトに参加し活動しているので，7月末までに連絡する」というものだった。しかしその後，ボビーからの連絡は途絶えてしまった。人づてに聞いた話では，彼は重い病気にかかってしまい，治療のために母国を離れることになってしまったらしい。順調に見えたミャンマーのチャプターは，完全に暗礁に乗り上げてしまった。本来予定していた2019年3月刊行は叶わず，ミャンマーのソーシャルワーク全体を語れる執筆者をゼロから探すことになった。

2019年7月23日，タイ・タマサート大学のサングクアン博士（Dr. Decha

Sungkwan）がミャンマー・ヤンゴン大学のソーシャルワーク教育とコネクションを持っていることから，タマサート大学に留学していたチョー・シッ・ナイン（Mr. Kyaw Sit Naing）を紹介してくれた。アジア太平洋地域のソーシャルワーク教育校のネットワークの強さが導いてくれた幸運以外の何物でもない。早速，ARIISW チームは連絡を取り始めた。しかし，2019 年当時はまだチョとのコネクション確立までたどり着くことはできなかった。

　ARIISW チームがミャンマーを訪問して 4 年が経過した 2020 年，世界に突然災厄が降りかかった。新型コロナウィルス感染症の世界的な流行拡大である。このパンデミックで，ARIISW は渡航活動がすべてストップしてしまった。

　そこで ARIISW は危機を逆手に取り，日本国内にとどまったまま ICT 技術を活用しながら，これまで様々な事情で滞っていた国際共同研究が一気に走り始めた。そして 6 月 15 日，チョーからメールが届き，ミャンマー・チャプターの執筆が再始動した。

　2021 年 1 月 1 日，チョーと彼のチームから原稿が送られた。ARIISW チームの原稿と，ミャンマーチームの原稿が揃い，編集作業へと次のステップに踏み出せたのである。チョーは ARIISW の活動にも関心を示し，2 月 18-19 日の 24 時間国際フォーラムへも参加すると約束してくれた。

　2021 年 2 月 1 日，ミャンマーでクーデターが勃発という衝撃が世界に発信された。チョーの名前は国際フォーラムの参加者になかった。国際共同研究は予想できないことが次々に起こるものだが，ミャンマー号発刊プロジェクトは，想像以上に困難の連続であった。発刊にこぎつけられたことに，関わってくださったすべての人々に感謝したい。

　2021 年 10 月 12 日現在，ボビーもチョーも制限下の中ではあるが無事に日常生活を送っていると確認されている。報道されている深刻な状況の中でも人々が生きていることに感謝したい。

　10 月 7 日は 3 年ぶりにボビーから連絡があった。血液の癌により車いす生活を強いられているという。チョーは 6 月の時点で，外国との銀行取引や預貯

金の引き出しの制限など，生活上の困難はあるが身の安全は確保されているという。チョーは現在もヤンゴン大学精神学部に客員講師として所属しており，同国初のソーシャルワーク修士課程（MSW）を立ち上げるプロジェクトに関わっている。また，政府のソーシャルワーカーに対して，「一般的なソーシャルワーク研修」と「多様性と社会的包摂」という 2 つの研修を担当している。さらに，仲間たちと，2022 年の「グローバル・ソーシャルワーク・デー」を記念して，来年までにミャンマー初の「School of Social Work」を組織することを計画している。困難な状況にあっても，歩みを止めない 2 人の貢献者に心から敬意を表する。

　「子どもたち」を「次の世代」におき替えて，アシン師の言葉をかみしめる。ソーシャルワークは，社会にコミットする活動である。自らの国を知ること，教えることは次の世代を育てるために必要不可欠である。ミャンマーのソーシャルワークを概観し，ミャンマーの社会に根付くソーシャルワークの活動を拾い上げた本章が，次の世代の教育に役立つことを信じている。

2021 年 10 月吉日

松尾　加奈

研究シリーズ　仏教ソーシャルワークの探求 No.8

東南アジアにおける仏教とソーシャルワーク
──カンボジア・ミャンマー編

2023年2月20日　第1版第1刷発行

監修者　郷堀ヨゼフ

編著者　松尾　加奈
　　　　郷堀ヨゼフ

発行者　田中　千津子

発行所　株式会社　学文社

〒153-0064　東京都目黒区下目黒3-6-1
電話　03（3715）1501 ㈹
FAX　03（3715）2012
https://www.gakubunsha.com

© 2023 Asian Research Institute for International Social Work, Shukutoku University
Printed in Japan

印刷　新灯印刷（株）

乱丁・落丁の場合は本社にてお取替えします。

ISBN978-4-7620-3219-6